IMA MANAGEMENT AC ES
· 管理会
U0692107

成本分析与控制

基于经营战略的成本管理实战

周一虹 李宪琛◎著

人民邮电出版社

北　京

图书在版编目（CIP）数据

成本分析与控制：基于经营战略的成本管理实战 / 周一虹，李宪琛著. -- 北京：人民邮电出版社，2023.6（2024.1重印）
（管理会计能力提升与企业高质量发展系列）
ISBN 978-7-115-59549-2

Ⅰ. ①成… Ⅱ. ①周… ②李… Ⅲ. ①企业管理—成本分析②企业管理—成本控制 Ⅳ. ①F275.3

中国版本图书馆CIP数据核字(2022)第116310号

内 容 提 要

本书通过洞察当前企业所处的竞争态势，来选择适宜的竞争战略，在所选战略的基础上科学分析企业成本状况，从而帮助企业进行成本控制和管理，实现企业经营的高质量发展。

本书另辟蹊径，从竞争战略选择的视角出发，在把握企业战略理论内涵的基础上，针对传统制造企业、高端制造企业、传统商贸流通企业、电子商务商贸流通企业、高新技术企业和"互联网+"企业六大不同类型的企业，分别介绍了不同战略选择下的企业成本分析和控制的知识与技能，精心呈现了现实企业中的典型案例，并将之与相关理论融会贯通，来帮助读者了解不同类型企业的战略选择，以及如何根据战略选择来分析成本和控制成本。

本书适合从事管理会计、财务管理、财务会计工作的读者阅读和学习。

◆ 著　　　　　周一虹　李宪琛

　　责任编辑　刘　姿

　　责任印制　周昇亮

◆ 人民邮电出版社出版发行　　北京市丰台区成寿寺路 11 号
　　邮编　100164　电子邮件　315@ptpress.com.cn
　　网址　https://www.ptpress.com.cn
　　北京虎彩文化传播有限公司印刷

◆ 开本：700×1000　1/16

　　印张：17.75　　　　　　　　　2023 年 6 月第 1 版

　　字数：254 千字　　　　　　　2024 年 1 月北京第 5 次印刷

定价：89.80 元

读者服务热线：(010)81055296　印装质量热线：(010)81055316
反盗版热线：(010)81055315
广告经营许可证：京东市监广登字 20170147 号

管理会计能力提升与企业高质量发展系列图书
编委会

序

▼

▼

　　管理会计师对企业的财务健康至关重要，他们不仅是价值的守护者，更是价值的创造者。随着可持续发展日益受到重视，企业从关注利润增长转向关注多个利益相关者利益的提升，管理会计师在维护和提升企业声誉方面承担着重任。与此同时，数字化时代下，企业在战略规划、创新和风险管理等领域也对管理会计提出了更高的要求。提升管理会计师的能力素质已成为企业发展的重中之重。

　　《IMA管理会计能力素质框架》是IMA管理会计师协会基于市场和行业趋势变化，经过深入研究和全面分析管理会计行业所面临的挑战，围绕管理会计师所必备的能力素质提出的指导性实用体系，不仅有助于个人提升职业竞争力，还能帮助组织全面评估、培养和管理财会人员队伍。IMA此次与人民邮电出版社合作，正是基于这一框架开发了管理会计能力提升与企业高质量发展系列图书，结合中国本土实践，对数字化时代下管理会计师所需的知识与技能进行了详细讲解。各类企业，不论是国有企业、私营企业还是跨国企业，其管理者和财会人员都能从本系列图书中直接获益。

　　本系列图书的作者既包括国内深耕管理会计多年的高校财会专业教授，又包括实战经验丰富的企业财务负责人与机构精英。同时，IMA还诚邀多位知名企业财务高管担任实务界编委，为图书策划和写作提供真知灼见。在此，我谨代表 IMA 管理会计师协会，向本系列图书的作者、实务界编委、人民邮电出版社以及 IMA 项目团队的成员表示感谢！我们希望通过本系列图书的出版及相关宣传活动，大力推动中国本土管理会计实践的发展，助力中国经济高质量发展！

IMA 管理会计师协会总裁兼首席执行官

杰弗里·汤姆森

2022 年 3 月 28 日

在学习和实践中提升管理会计能力

中国管理会计理论和实践自 2014 年以来进入快速发展时期，各种管理会计工具方法在微观层面（企事业单位）的应用，正在日益加速、拓宽和深入，在企业转型升级、全社会高质量发展进程中发挥着重要作用。

当今社会信息技术迅猛发展，会计职业在互联网、大数据、人工智能等新技术业态的推动和加持下，在信息采集、核算循环、数据存储、整合表达等方面持续发生变革，为管理会计在企业广泛运用和助力企业价值增长，奠定更坚实的算力基础，提供更有效的管理和决策支持。

随着《财政部关于全面推进管理会计体系建设的指导意见》以及《管理会计应用指引》等一系列规范指南的陆续出台，管理会计人才培养体系的建设和管理会计的应用推广，受到各界高度重视。从目前中国管理会计发展情况来看，管理会计师作为会计领域的中高端人才，在企事业单位仍存在着巨大缺口，庞大的财务和会计人员队伍，面临着关键职能转型压力——从核算型会计转向管理型会计。

IMA 管理会计师协会于 2016 年发布的《IMA 管理会计能力素质框架》，在管理会计领域广受认可，广为好评，被视为权威、科学、完整的技能评估、职业发展和人才管理标准，为中国及其他国家管理会计能力培养体系的构建提供了重要参考。这个框架文件在 2019 年得到重要的更新升级。

　　为加快促进中国管理会计体系建设，加强管理会计国际交流与合作，实现取长补短、融会贯通，IMA 与人民邮电出版社共同策划、启动管理会计能力提升与企业高质量发展系列图书项目。该系列图书设计以《IMA 管理会计能力素质框架》为基础，结合中国管理会计实际发展需求，以管理会计队伍能力提升为目标，以企业管理需求为导向，同时兼顾会计专业教育和研究。

　　该系列图书分为两期建设。第一期八本，选题内容涉及管理会计从业人员工作中需要的各项能力，力求理论与实务兼备，既包含实务工作中常见问题的解决方法，也有经典的理论知识阐述，可帮助管理会计从业人员学习和完善自身各项能力，也能为积极推进转型的财务人员提供科学的路径。

　　在图书作者配置方面，体现学术界和实务界合作。该系列图书的作者均在管理会计领域深耕多年，既有理论知识深厚、指导体系完备的高校资深导师，又有紧贴一线前沿、实战经验丰富的企事业单位负责人，合力打造国内首套内容权威、体系完整、贴近实务的管理会计能力提升新形态知识图书，在弥补市场空白的基础上推动企业管理会计人才建设及人才培养，促进企业提质增效。

　　作为新形态管理会计专业读物，该系列图书具备以下三大特点。

　　第一，理论与实务兼备。该系列图书将经典的管理会计理论与企业财务管理、经营发展相结合，内容均从实践中来，再回归到实践中去，力求让读者通过阅读该系列图书对自身工作有所得、有所悟，从而提升自身工作实践水平。

　　第二，体系完备。该系列图书选题均提炼自《IMA 管理会计能力素质框架》，每本图书的内容都对应着专项管理会计必备能力，让读者体系化地学习管理会计各项知识、培养各项能力，科学地实现自我提升。

　　第三，形态新颖。该系列图书中大部分内容都配有微视频课程，均由作者精心制作，可让读者有立体化的阅读体验，更好地理解图书中的重难点内容。

天下之事，虑之贵详，行之贵力。管理会计具有极强的管理实践性，既要求广大财务人员学习掌握理论知识，还要求其积极转变传统财务思维，将理论运用于实践，进一步推动财务与业务融合，更好地助力企业高质量、可持续发展。该系列图书不仅集结了一系列优质、有影响力的内容，而且为会计行业的发展及人才培养提供了智力支持和战略助力。我们希望与广大读者共同努力，系统、全面地构建符合中国本土特色的管理会计知识体系，大力促进中国管理会计行业发展，为企业高质量发展和中国经济转型做出积极贡献。

北京大学光华管理学院教授 王立彦

IMA 管理会计师协会副总裁、IMA 中国区首席代表 李刚

2022 年春于北京

前　言

▼
▼

　　IMA 管理会计协会 2019 年新发布的《IMA 管理会计能力素质框架》从战略、规划和绩效，报告和控制，技术和分析，商业敏锐度和运营，领导力，职业道德和价值观这六个等级中确定了财会专业人士在数字化时代需要保持的相关性及需要有效履行其当前和未来职责所必备的核心知识、素质和能力。相比传统的财务会计，管理会计的工作目标是价值发现、价值管理和价值创造，它将帮助企业在激烈竞争的市场环境中冲出重围。

　　如何在竞争中求发展，是困扰每个企业的课题。对于财会专业人士而言，最先想到的管理思路就是最大限度地压低成本，使得商品和服务的价格降低，进而维持企业竞争优势。但是，在商品和服务特定的质量标准要求下，降低成本有一定的客观极限，使得我们必须思考在特定的竞争环境和条件下，怎样进行成本控制才能保持竞争优势。不同竞争战略的选择，会有不同的成本分析和控制模式。基于此，我们撰写了《成本分析与控制》这本书，旨在帮助读者了解不同领域中企业的战略选择，及如何根据战略选择进行成本分析和成本控制。

　　企业管理者阅读本书，就像加入一个由不同领域不同类型的企业管理者组成的朋友圈，能通过洞察当前企业所处的竞争态势，来选择适宜的竞争战略，在所选战略的基础上科学分析企业成本状况，从而进行成本控制和管理，实现企业高质量发展。

　　对管理会计感兴趣的读者可以借由本书踏入该领域，本书可以为您制定领先战略规划及评估业务发展状况、通过信息整合分析企业成本、通过分析式思维实现成本控制等操作指明方向。德鲁克曾说"战略管理是分析式思维"，因此当企业选择不同的竞争战略时，会有不同的成本分析和控制模式。《成本分析与控制》希望借助这种分析式思维，从战略选择入手，结合先进的成本分析和控制体系，为企业的成本管理出谋划策，为中国管理会计知识普及工作添砖加瓦。

本书是 IMA 丛书的其中之一。本书得以出版，首先要感谢 IMA 中国区的领导和同事们，有他们的支持，使我们有信心坚持对本书主题的研究并完成本书的写作。

其次要感谢我们指导的硕士研究生张明晶、魏圳、李茹月、闫峰婧和张雪雁同学。他们参加了本书的资料收集、整理和有关章节初稿的撰写工作。其中：张明晶参与了第 1、2、3、5 章的编写，魏圳参与了第 6 章的编写，李茹月参与了第 7 章的编写，闫峰婧参与了第 8 章的编写，张雪雁参与了第 9 章的编写，周一虹和李宪琛共同写作了本书的其他章节。本书的写作过程是，先讲授本书的主要思想和研究内容，确定写作大纲和样稿，其他人根据我们对每一章的具体撰写思路和样稿去撰写初稿，最后经我们修改和定稿。可以说，本书凝聚了我们团队共同的心血、汗水和智慧。

再次要感谢本书列举的资料与参考文献的作者们，他们的成果，为本书的写作奠定了基础。在本书写作过程中，参考并引用了其他学者有关专著、教材、法规、报刊、网站上的内容。对于其中的直接引用部分，在书中做了来源注明。

由于我们水平所限，书中难免有疏漏与不足之处，请大家批评指正！

周一虹

2023 年 3 月 1 日

目 录

▼
▼

1 第1章
企业战略及战略管理

2 第2章
企业战略选择

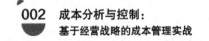

3 第3章
战略实施与企业成本分析和控制模式

4 第 4 章
传统制造企业成本分析与控制

5 第 5 章
高端制造企业成本分析与控制

第6章
传统商贸流通企业成本分析与控制

7 第7章

电子商务商贸流通企业成本分析与控制

8 第8章

高新技术企业成本分析与控制

9 第9章

"互联网+"企业成本分析与控制

1

企业战略及战略管理

扫码即可观看
本章微视频课程

什么是企业战略

"战略"这个词最早出现在军事领域，指军事家对战争全局的规划和指挥，或指导重大军事活动的方针、政策与方法。当人类的生产力水平越来越高、社会活动也越来越丰富后，它被越来越频繁地用在军事以外的领域。

我们先来思考什么是战略。大到军事行动，小到我们的日常生活，无时无刻不体现着战略的痕迹。在日常生活中，大家都渴望过上美好幸福的生活，这是我们的目标，或者称为愿景。为了达成这个目标，大家选择了不同的行动，如有人经商，有人从政，有人求学，这些为实现目标而采取的行动就叫战略。

对于企业来说，今天可能在某个行业或者市场中占有优势，但残酷的竞争环境迫使它必须考虑要保持现有优势还是开辟新市场以获得更大优势。企业必须做出正确的选择，才能保持或者获取更大优势。在这个过程中，企业的每一种选择都是一种战略。美国哈佛大学波特（Porter M.）教授认为"战略是企业为之奋斗的终点与企业为达到它们而寻求的途径的结合物"[1]；加拿大学者明茨伯格（Mintzberg H.）指出，以计划为基点将企业战略视为理性计划的产物是不正确的，许多成功的企业战略是在事先无计划的情况下产生的。事实上，大部分企业的战略是事先计划和突发应变的组合。

美国学者汤姆森（Tomson S.）在 1998 年提出，战略既是预先性的又

---

[1] 波特.竞争战略 [M].陈小悦译.北京：华夏出版社，1997：4.

是反应性的，即战略任务包括制订一个策略计划，然后随着事情的进展不断对它进行调整。现实中，企业的战略是管理者在企业内外各种状况不断暴露的过程中不断修改和规划的结果。在当今瞬息万变的环境里，企业战略意味着企业要主动预测未来的市场变化，而不是被动地等到变化发生才做出反应。变化不可避免并且无时不在发生，企业只有在变化中不断调整战略，保持健康的发展活力，同时将这种活力转变为发展惯性，才能形成持续的竞争优势，获得成功。

● 知识拓展 1.1

企业战略调整

企业环境、企业能力发生变化时，企业需要对原先的战略进行调整。战略调整是企业经营发展过程中对过去选择的、目前正在实施的战略方向或线路的改变，它是一种特殊的决策，是对企业过去决策的追踪。这种追踪决策受到企业核心竞争能力、企业家的行为以及企业文化等因素的影响[①]。

（1）企业的核心竞争能力

改变或调整企业的经营领域或方向，首先需要分析企业已经形成的核心竞争能力及其利用情况。

在市场经济条件下，同一种产品的生产与销售通常是由多家企业完成的。企业面对的是竞争性的市场。在竞争市场上，企业为了及时销售产品并不断扩大市场占有份额，必须形成并充分利用竞争优势。所谓竞争优势，是指企业相对于竞争对手而言的在经营上的某种特点。这种特点是竞争对手难以，甚至无法模仿的。"竞争优势归根

---

① 陈传明.企业战略调整的路径依赖特征及其超越 [J].管理世界，2002(06):94-101.

结底产生于企业为客户所能创造的价值"[1]。核心竞争力可以促进企业的一系列产品或服务形成竞争优势，所以能否建立比竞争对手领先的核心竞争能力会对企业的长期发展产生根本性的影响。"只有建立并维护核心竞争能力，高级管理部门才能保证企业的长期存续。核心竞争能力是未来产品开发的源泉，是竞争能力的根，单个产品和服务则是果。高层管理者不仅要努力维护企业在现有市场上的地位，还要努力争取企业在未来市场上的份额"[2]。

（2）企业家的行为

作为追踪决策，战略调整和企业其他类型的决策一样，受到企业家行为的影响。甚至可以认为，战略调整是企业家行为选择的结果。

企业在企业家的领导下从事某种生产经营活动，企业家的行为选择对企业的绩效和发展有着至关重要的作用。这种作用主要体现在两个方面。首先，企业家的行为选择直接制约着企业的行为选择。企业的行为选择不仅是企业家行为选择的直接映照，而且甚至是企业家行为选择的直接结果，从而直接决定着企业未来的行动是否有意义。从某种意义上说，企业经营领域与方向的选择或调整主要是企业家的事。其次，企业家的行为不仅影响着员工的行为能否转变成对企业有效的贡献，而且其行为倾向也直接影响着员工的行为方式和行为力度的选择。员工的行为方式和行为力度决定着员工在既定方向下的劳动质量和劳动生产率，从而影响着企业的产品质量、生产成本。企业家对员工的影响一方面要通过日常的直接管理实现，更多的则要通过塑造一定的企业文化来完成。

（3）企业文化

作为企业或企业家行为选择结果的企业战略调整决策必然会受到企业文化的影响。

---

[1] 波特.竞争优势 [M].陈小悦，译.北京：华夏出版社,1997.

[2] 哈梅尔.竞争大未来 [M].王振西等，译.北京：昆仑出版社,1998.

企业文化是企业员工普遍认同的价值观念和行为准则的总和，这些观念和准则的特点可以透过企业及其员工的日常行为而得到表现。企业文化对企业经营业绩以及战略发展的影响主要体现在它的 3 个基本功能上：导向功能、协调功能以及激励功能。企业文化的导向功能是指共同接受的价值观念引导着企业员工，特别是企业的战略管理者自觉地选择符合企业长期利益的决策，并在决策的组织实施过程中自觉地表现出符合企业利益的日常行为。企业文化的协调功能主要指在相同的价值观和行为准则的引导下，企业各级管理者和部门员工选择的行为不仅是符合企业的长期和短期利益的，而且必然是相互协调的。企业文化的激励功能主要指员工在日常经营活动中自觉地根据企业文化所倡导的价值观念和行为准则的要求调整自己的行为。

企业文化的上述功能影响着企业员工，特别是影响着企业高层管理者的行为选择，从而影响着企业战略调整方向的选择及其组织实施。正是由于这种影响，与企业战略制定或调整和组织实施过程中需要采用的其他工具相比，企业文化的上述作用的实现不仅是高效率的，而且可能是成本最低、持续效果最长的。从这个意义上说，企业文化是企业战略管理最为经济的有效手段。

企业的使命、目标与企业战略的层次

通常，我们将企业生存、发展、获利等根本性目的作为企业使命的一部分，并认为企业目标是企业使命的具体化。

接下来我们从企业目的、宗旨和经营哲学三部分来看企业的使命。

我们先来看企业的目的。可以将企业与非营利组织进行对比来看企业的目的。企业的第一要务是为其所有者创造经济价值，简单来讲就是赚钱，企业可以通过满足客户需求、降低成本等方法来赚取更多的钱。而非营利组织的首要目的是提高社会福利、促进政治和社会发展，而不是为其所有者赚钱。

接下来我们来看企业的宗旨。简单来说，企业的宗旨就是说明企业目前和以后的经营范围，包括产品、顾客对象、市场和技术等。企业的宗旨能够反映出企业的定位，如谁是企业的主要顾客，企业的产品或服务是什么，或以什么样的方式满足客户和市场的需求，以及如何分配内部资源以保持企业的竞争优势等。企业的宗旨也是战略的重要组成部分，为全体员工树立了一个总的价值观，所反映的企业经营思想也会在一定程度上影响其社会形象。如同仁堂集团的宗旨是"炮制虽繁必不敢省人工，品味虽贵必不敢减物力"。这"两个必不敢"，体现了企业以诚信为基础的核心价值观，为大众所熟知，也赢得了消费者的信任。

最后我们来看看企业的经营哲学。企业的经营哲学主要指企业文化，通过企业对利益相关者的态度、企业提倡的价值观、企业的政策和目标以及管理风格等方面体现出来，同时也影响着企业的经营范围和经营效果。企业的经营哲学通常由其创始人提出，比如创建"京瓷集团"的稻盛和夫，在对工作、对人生进行不断的自问自答的过程中形成了被称作"京瓷哲学"的基本思想："作为人，用正确的方式做正确的事。"这种思想既是集团经营的原点，同时也是个人对人生的判断基准。

企业通过实现目标来完成企业的使命，企业的目标是企业的基本战略。

从企业的角度来看，需要两种类型的业绩标准：与财务业绩有关的标准和与战略业绩有关的标准。财务目标体系要求企业要在市场占有率、收益增长率、投资回报率、股利增长率、股票价格评价、现金流以及消费者对企业的信任度等方面有良好的表现。战略目标体系的重点则在于获取足够的市场竞争优势，在产品质量、客户服务或产品革新等方面压倒竞争对手，使企业获得更大的优势；它的作用是让人注意到管理层不仅要提高财务业绩，还要从战略上进行布局，提高企业竞争力。财务和战略目标体系都应从长期和短期两个维度来看，短期目标主要是要提高短期经营业绩，长期目标则需要考虑现在应该采取什么行动才能让企业在未来形成持续的良性经营。

企业战略一般分为三个层次：总体战略（Corporate Strategy）、业务单位战略或竞争战略（Business or Competitive Strategy）和职能战略（Functional Strategy）。

总体战略主要考虑企业未来发展和定位，用两个字概括就是"发展"，是企业最高层次的战略。它研究企业未来一段时间应该发展还是稳定、应该发展哪种经营领域、如何合理配置资源、是否应该从外部获取资源等一系列有关企业顶层设计的问题。如某企业当前在国内市场经营 A 业务，未来是否应该扩展 B 业务，是否应该将 A 业务扩展至国外市场；如果应该扩展业务或扩展市场，要去哪个国家、如何扩展等等。这些都属于总体战略。

业务单位战略或竞争战略属于企业的二级战略。不论企业未来一段时间里是发展、稳定还是紧缩，都必须靠业务层来实现，因为企业的根本目的是销售产品或者服务，即通过业务来获取盈利。业务单位战略或竞争战略要求企业针对不断变化的外部环境，在经营领域中进行有效竞争，并制定选择哪些竞争手段、如何进行持续性竞争等一系列具体方略。因此，业务单元战略或竞争战略的特点就是"竞争"。例如某企业当前有 A、B 两个业务，A 业务处于成熟阶段，市场竞争激烈，A 业务应该采取差异化战略还是低成本竞争手段来竞争；B 业务处于起步阶段，竞争不太激烈，但是客户对其认知度不够，B 业务应该采取哪种手段来竞争；等等。这些就属于业务单位战略或竞争战略。

职能战略，又称职能层战略，主要涉及企业内各职能部门，如营销、财务、生产、研发、人力资源、信息技术等。职能战略的作用是解决如何更好地配置企业内部资源，为各级战略服务，并提高组织效率等问题。不论企业开展什么业务，都需要相关的资源与能力支撑才能实现和落地，管理活动必须依靠分工才能很好地完成，因此必须通过职能来分工。业务单元战略或竞争战略想要实现竞争的目的，离不开职能层的资源配置和利用，只有这样，才能形成企业的业务活动。因此，职能层战略实际上考虑的是战略实施的具体计划问题。

通过以上分析可以看出，三个层次的战略的侧重点和影响范围有所不同，但都是企业战略管理的重要组成部分。

例如，安踏公司经历了逾三十年的发展，已经成为我国体育服饰行业的领军企业，其不论在国内还是国外都有着很大的影响力，这与公司良好的战略布局息息相关。现如今，安踏公司的总体发展战略为横向一体化战略。为适应消费者的需求，安踏公司先是收购斐乐这一高端的运动品牌，在此基础上还创办了儿童系列，随后又收购了英国中端户外时尚品牌斯潘迪，并且还取得瑞士知名品牌迪桑特的独家经营权，主要为国内消费者提供滑雪及综合训练等运动的相关产品；同时安踏公司也通过并购与合作的方式进一步扩大了产品的受众范围。

在竞争战略方面，安踏公司主要采用差异化战略。安踏公司对市场进行充分的调研，掌握了消费者的价值观念，即专业的产品就应该交给专业的公司来做。因此，安踏公司一开始的定位就是专业的体育品牌。这样的品牌定位也向大众展现出了安踏公司独特的行业定位，为公司树立了良好的差异化的形象。

在职能战略方面，安踏公司也有着适合自身的发展战略。例如在生产运营环节使用匹配策略，通过采用 ERP[①] 系统来对公司的零售业绩和库存变化进行管理。在此过程中，安踏公司还会分析公司销售等一系列数据和消费者需求的变化，目的就是提高零售商订货的精确性，降低库存积压或停工等料所带来的风险。

[①]　企业资源计划（Enterprise Resource Planning，ERP）是为企业员工及决策层提供决策手段的管理平台，经过发展已成为重要的现代企业管理理论，是实施企业流程再造的重要工具，其核心思想是供应链管理。

战略管理的内涵、特征及其过程

　　在学习战略管理之前，我们必须明确，战略管理来自实践活动，经过管理学家们的提炼总结，上升到了理论高度，最后走进教科书。

　　战略管理这个词最早是由安索夫（Ansoff H.I.）在 1976 年提出来的。1979 年，安索夫出版了《战略管理论》，并提到战略管理是指将企业的日常业务决策同长期计划决策相结合而形成的一系列经营管理业务[①]。美国学者斯坦纳（G.A. Steiner）在他 1982 年出版的《企业政策与战略》一书中提到，战略管理是根据企业外部环境和内部条件确定企业目标，保证目标的正确落实并使企业使命最终得以实现的一个动态过程。有学者认为，战略管理是企业处理自身和环境关系过程中实现其使命的管理过程。还有人提出，战略管理是决定企业长期表现的一系列重大管理决策和行动，包括企业战略的制定、实施、评价和控制。

　　从上面关于战略管理含义的表述和见解可以看出，战略管理是一种区别于传统职能管理的管理方式。这种管理方式的基本内容是：企业战略指导着企业一切活动，企业战略管理的重点是制定和实施企业战略，制定和实施企业战略的关键是对企业的外部环境和内部条件进行分析，并在此基础上确定企业的使命和战略目标，使它们之间形成并保持动态平衡。因此，企业战略管理的含义可以定义为：企业战略管理是为实现企业的使命和战略目标，科学地分析企业的内外部环境与条件，制定战略决策，评估、选

[①] 汪涛，万健坚.西方战略管理理论的发展历程、演进规律及未来趋势[J].外国经济与管理，2002(03):7-12.

择并实施战略方案，控制战略绩效的动态管理过程。

战略管理的特征有以下三个：综合性、高层次性和动态性。综合性是指战略管理为企业的未来发展和走向指明道路，它涉及企业所有管理部门、业务单位和其他相关因素。战略管理对象不仅仅是研究开发、财务、市场营销等具体职能，还有统领各个职能战略的竞争战略和总体战略。高层次性是指战略管理是对企业现在和未来进行整体规划，关系到企业长远发展。战略管理追求的不仅仅是眼前财富，更是追求企业的持久竞争力，而这必须由企业的高层领导来推动实施。动态性指战略管理要根据企业内外部环境与条件的不断变化来进行修正，以确保企业目标的实现，不能用一成不变的、过时的、不适合企业生存与发展的战略来管理企业。

战略管理是一个过程，是用一定的技术和技巧制定、评价和实施企业战略的过程。战略管理包含以下三个关键要素。

1. 战略分析——了解组织所处的环境和相对竞争地位

我们每天都在做选择，不管大事小事。只是我们所做的选择有些代价很小，比如今天吃什么、去哪里吃；有些代价很大，比如高考后上什么学校、选择什么专业。越是代价大的选择，越是需要理性的分析和判断。对于企业来说，一项重大的选择可能关乎存亡，然而时间不会给企业重新来过的机会。因此，在做选择之前，"战略分析"就至关重要。

《孙子兵法》中说：知彼知己，胜乃不殆，知天知地，胜乃不穷。或许这是最早提出分析内外部环境的思想。在进行战略分析的时候，我们必须要对企业的内外部环境分别分析。分析外部环境，可以从企业面对的宏观环境、产业环境、竞争环境和竞争优势等方面开展，如了解企业周围的环境正在发生哪些变化，哪些是机会、哪些是威胁等。在分析完外部环境后就要对自身进行分析，也就是内部环境分析，如了解自身的相对地位、企业具有哪些资源以及战略能力等。波士顿矩阵、通用矩阵、SWOT① 分析等都是常用的战略分析工具。

2. 战略选择——战略制定、评价和选择

战略分析阶段明确了"企业目前处于什么位置"，那么战略选择阶段所要回答的问题就是"企业向何处发展"。做选择看起来不是很困难，但是要考虑企业有没有能力承受选择的后果。比如企业要做人工智能业务，先问问自己有没有技术实力，这个行业中其他企业都在做什么，我们能不能跟得上，我们有什么优势等问题。战略选择对企业来说至关重要。

首先，需要明确企业的战略类型是什么，是总体战略还是业务单位战略或者职能战略。其次，需要明确战略选择过程。约翰逊和施乐斯（Johnson G. & Scholes K.）在 1989 年提出了战略选择过程的三个组成部分。先是制定战略选择方案。在这个阶段，方案越多越好。战略形成的方法可以是自上而下的方法，即高管制定方案，下属部门根据自身情况将总体战略具体化；也可以是自下而上的方法，即高管对下属部门不做具体要求，但是要求各部门提交战略方案，在此基础上进行协调和平衡，在必要的修改后确认方案；还可以是上下结合的方法，即高管和下属部门管理人员共同制定战略。再是评估备选方案。评估一般采用适宜性、可接受性和可行性三个标准，以分析战略是否有助于企业实现目标。最后进行战略选择。如果使用不同指标对多个战略方案评价的结果不一样，最终的战略选择可以考虑以下几种方法：根据企业目标选择战略、提交上级管理部门审批、聘请外部专家选择等。

---

① SWOT，即 Strengths、Weaknesses、Opportunities、Threats 的首字母组合，是一种企业竞争态势分析方法，其用于评价自身的优势（Strengths）、劣势（Weaknesses），以及外部竞争的机会（Opportunities）和威胁（Threats）。运用这种方法，可以对研究对象所处的情景进行全面、系统、准确的研究，从而根据研究结果制定相应的发展战略、计划以及对策等。

3. 战略实施——采取措施使战略发挥作用

战略实施就是将战略转化为活动，在分析、选择战略后，最重要的就是使战略落地，不能让战略贴在墙上、写在战略管理计划里。如果不实施战略，那么不仅之前的工作毫无意义，还会使得企业战略形同虚设。战略实施主要解决以下几个问题：确定和建立一个有效的组织结构；确保人员和制度的有效管理；正确处理和协调企业内部关系；选择适当的组织协调和控制系统；协调好企业战略、结构、文化和控制方面的关系。战略管理是一个循环的过程，不是一次就完成的工作，要不断对其监控和评价，并不断修正。战略制定固然重要，但是战略实施更加重要。

例如，波司登股份有限公司（以下简称"波司登"）是羽绒服生产企业，在发展过程中，其实施了正确的战略管理，受到了消费者的信任和青睐，占据了较大的市场份额。波司登的战略管理过程如下。

首先运用 SWOT 战略分析工具对企业进行战略分析。

优势分析：波司登自创办以来，一直专注于羽绒服的研发和创新，所获得的专利技术也远超许多同行，通过运用核心技术和对生产环节的严格把关来提高产品的质量，提高了知名度，为消费者所熟知，公司的产品已经畅销到了全球 70 多个国家和地区。

劣势分析：波司登最初实行四季化、多元化的发展战略，在非羽绒服业务上也进行了相应的投资，减少了投入羽绒服业务的资金，削弱了羽绒服专业化方向的进一步发展；同时，公司的企划宣传力度较弱，在电商的冲击下，销售量骤减，库存积压也愈发严重，阻碍了公司的长远发展。

机会分析：我国人口众多，并且在进入冬季后气温逐渐降低，所以对羽绒服的需求量较大；随着国民收入的提高，服装行业也飞速发展，波司登羽绒服也从功能型向时尚型转变，满足了消费者的需求变化。

威胁分析：由于服装行业门槛较低，有许多企业加入了羽绒服的生产行业，加上外国厂家的进入，该行业的竞争压力逐渐增大。

波司登管理层在结合内外部因素对公司进行详细的分析后发现，由于消费者需求的变化和电商冲击等，公司的销售量骤减，目前处在比较艰难的时刻。但是公司可以利用自身先进的技术、专业的羽绒服业务优势以及知名度较高等优势，制定出全新的战略方案，即收缩原来的四季化、多元化的战略，向专业化战略转型。这一战略扭转了公司经营业绩较差的局面，打开了市场，赢得消费者的喜爱。

为了改变公司销售量骤减的状况，提高公司可持续发展的能力，波司登也根据所提出的新的发展战略制定了相应的实施方案。

首先是重新定位公司品牌。经过分析，波司登的品牌定位为"全球热销羽绒服专家"。波司登积极参加羽绒服时装周走秀等推广活动，通过邀请明星代言来进一步提高品牌的热度，与一些处在时尚前沿的知名设计师合作，推出联名款，得到了消费者的一致好评，也成为全球众多品牌服饰的羽绒服生产合作商。

其次是产品创新。波司登对羽绒服产品进行了升级，一方面在产品的制作工艺方面进行提升，另一方面与全球有着"世界之布"的原材料供应商建立合作关系，不断提高公司产品的核心竞争力。在这样的情况下，产品的价格也开始上涨，但业绩不降反增。由此可以看出，波司登的产品升级取得了成功。

最后是优化渠道，进行科学的布局。波司登将店铺从原来的马路、街道旁转向了各大商场以及所在一二线城市的核心商业区，以此来吸引消费者的注意力。为了优化终端渠道，波司登升级了 ERP 系统，以便更好地把控线下门店的销售情况；通过运用智能无人仓储以及机器人挑拣技术，进一步保障了企业库存的稳定。

波司登通过实施全新发展战略，极大地提高了产品的销售量和公司的知名度，为公司的发展赢得了新的机遇，巩固了其在行业中的地位。

● 知识拓展 1.2

战略管理理论的演变

自战略问题被提出以来，战略管理理论主要经历了战略规划学派、环境适应学派、战略定位学派、资源基础论与核心能力学派、动态能力学派等[①]。

（1）战略规划学派（20 世纪 60 年代）

战略规划顺应当时的需要而出现，这时形成的战略理论被称为战略规划理论[②]。战略规划学派的出现为战略问题的解决提供了理论支持。战略规划学派的代表人物有安德鲁斯、安东尼、安索夫、克里斯藤森等。

安索夫作为战略规划学派的代表人物之一，针对当时的战略问题提出企业需要重新进行战略定位以适应不断变化的挑战、威胁和机会的思想，并将环境、市场定位与内部资源能力置于战略的核心位置。安索夫提出了战略四要素：产品与市场范围、成长向量、竞争优势和协同。他在对企业经营环境变化进行系统研究的基础上，认为最有效的战略规划方法是权变的，即战略与规划的好坏与组织面临的环境的变化程度密切相关，两者匹配不好会对盈利产生消极影响。

战略规划学派的核心思想是匹配思想，并认为战略就是将企业的资源、能力与外部环境的机会相匹配，确定企业的市场定位、增长方向、竞争优势和协同，以实现企业的目标和意图，从而降低因环境变化带来的盈利能力降低的风险。战略规划学派的匹配思想对解决战略问题发挥了重要作用，可见战略本身就是企业规避风险的方法和手段。

战略规划学派提出了战略制定的基本理论框架，为战略定位理

---

① 商迎秋 . 企业战略管理理论演变与战略风险思想探析 [J]. 技术经济与管理研究 ,2011(03):65−69.
② 周三多 , 邹统轩 . 战略管理思想史 [M]. 上海：复旦大学出版社 ,2002.

论、资源能力理论的发展奠定了基础。战略规划学派奠定了战略管理的过程观，即经理制定与促成竞争战略、组织的构想与长期目标。传统的战略规划理论适用于企业面临的环境稳定，并且环境可预测的情况。随着环境的变化，传统的战略规划理论向权变规划理论发展，也就是向环境适应思想演变。

（2）环境适应学派（20 世纪 70 年代）

20 世纪 70 年代，企业经济环境的最大特征是环境变化的突发性。以 1973 年的石油危机为代表，突发的环境变化开始动摇战略规划的垄断地位，企业发展战略规划无法应对现实中普遍出现的环境巨变与激烈的国际竞争，最根本的一点是未来无法预测。环境的不确定和不连续动摇了战略规划学派所认为的环境可预测的根基，以环境不确定为基础的环境适应学派应运而生。环境适应学派的核心思想是：环境的变化是不确定的，企业要不断调整其战略以适应环境的变化，战略调整包括战略方向和战略能力的调整。环境适应学派的代表人物有奎因、明茨伯格、伊丹敬之、西蒙（P.G.Simon）、查菲、柯林斯（J.C.Collins）与波拉斯（J.I.Porras）等。

环境适应学派更多关注的是企业如何适应环境，管理不确定性变成了企业的核心能力。林德布罗姆的"摸着石头过河"（Muddling Through）、奎因（J.B.Quinn）的"逻辑渐进主义"（Logical Incrementalism）以及明茨伯格和沃特斯（J.Waters）的"应急战略"都把战略看成是意外的产物，是企业应对环境变化所采取应急对策的总结。

（3）战略定位学派（20 世纪 80 年代）

战略定位学派沿用了战略规划学派的大部分前提条件及其基本模式，但也从另外两个方面增加了一些内容。从形式上，战略定位学派强调了战略制定过程和战略内容本身的重要性。从性质上，战略定位学派特别重视战略内容，从原来这一领域中单纯地注重规定内容扩展到了实际调查①。

波特通过对美国、欧洲与日本制造业的实践提出了竞争战略理论学说。他的竞争战略理论认为通过辨识产业经济和技术特性的产业结构分析，来选择有吸引力的产业，然后根据企业自身适应产业结构方面独特的强项和弱项来选择有利的战略定位，利用成本领先或性能差异来取得竞争优势。

波特的竞争战略理论着重研究了如何发现外部环境的机遇，以及如何将发现的机遇和内部的资源能力相结合以寻找有利的战略定位，利用成本领先或性能差异来取得竞争优势。因为对战略定位的强调，波特的竞争战略理论被归入战略定位学派。波特对战略定位的强调与安索夫将市场定位于战略的核心地位的思想基本上是一致的。

（4）资源基础论与核心能力学派（20世纪90年代）

自沃纳菲尔特发表了《企业资源基础论》一文之后，人们对战略的观念发生了根本的改变，即从内部来寻找成功的因素。与传统的战略理论体系有所不同，科利斯与蒙哥马利提出的基于资源的战略包括四个部分：识别宝贵的资源，对资源进行投资，提升资源的质量与运用资源。战略制定的核心就是开发与利用企业的独特资源与能力。

资源基础论的战略制定过程如下。①确定企业资源：确定企业相对于竞争对手的优势与劣势。②确定企业能力（有效利用资源的技能）：确定什么能力使企业做得比竞争对手更好。③确定资源与能力的潜力：确定企业的竞争优势。④选择有吸引力的行业：寻找利用企业的资源和能力可以开发的商业机会。⑤选择能够充分利用资源开发市场的战略。资源基础论与核心能力学派认为，即使在一个吸引力差、利润不高、经营风险大的行业里经营，企业也可以依据拥有的独特的资源与能力赢得竞争优势。资源基础论与核心能力学派的战略实质是，将企业的资源和能力与外部的机会相结合，仍然沿用战略规划学派的理论框架。

① 明兹伯格.战略历程：纵览战略管理学派 [M].北京：机械工业出版社,2002.

　　哈默尔（G.Hamel）与普拉哈拉德（C.K.Prahalad）的 《公司核心竞争力》 奠定了战略管理的核心能力理论基础。核心能力理论强调现实中企业的战略大多是选择有吸引力的行业和培养别人无法模仿的核心能力两者的结合。资源基础论和核心能力学派在传统的战略规划学派战略匹配的基础上，提出企业内部独特的资源与外部环境的合理匹配，而且要有意识地培养企业独特的能力。

　　资源基础论与核心能力学派没有跳出战略规划学派的企业资源能力与外部环境机会相匹配的思想框架，但其不再拘泥于被动地适应环境而是主动地创造商机，不是保持竞争优势而是创造竞争优势。

　　（5）动态能力学派 （21世纪）

　　随着环境的变化，以资源和能力为基础构筑竞争优势的理论受到威胁，资源的惯性和能力的刚性使企业面临着资产和能力价值降低的风险。提斯、皮萨罗和肖恩（1997）在 《动态能力与战略管理》 一文中提出了动态能力（Dynamic Capabilities）理论，他们秉承了演化经济学家熊彼特的创造性毁灭的思想。动态能力指整合、构建和重置企业内外部能力的能力，以适应快速变化的环境。克服能力中的惯性和刚性是动态能力理论的灵魂。为利用过剩能力并适应外界变化，必须用创造性破坏来打断原来连续的成长过程，因此，动态能力理论将重点放在了企业学习与产生能力的机制上。企业通过建立一种有效的组织学习机制，不断重构企业的能力，谋求企业长期的、动态的竞争优势，即可持续竞争优势，增加战略柔性，使企业在环境变化时，能够迅速做出调整。组织过程、位置和路径是动态能力理论框架中包含的三个关键性要素，动态能力战略框架在这三个关键要素的基础上构建。

　　动态能力理论的本质是企业对环境的持续不断适应，由于能力培养需要一个过程和能力自身的惯性特征，动态是相对的，并非绝对的适应，同样面临着能力适应风险。

战略变革管理

　　首先来看什么是战略变革。战略变革指企业为了获取可持续竞争优势，根据内外部环境发生的变化或者预测将会发生的变化，结合环境、战略、组织之间的动态协调性原则，改变企业战略内容的发起、实施、可持续化的系统性过程。也就是说，用现行的计划和概念将企业转换成新状况的不断发展和变化的过程[①]。战略变革按照范围和程度可以分为渐进性的变革和革命性的变革。渐进性的变革是一系列持续的、稳步前进的变化过程；革命性的变革是全面的变化过程，将使企业整个体系发生改变。渐进性的变革在企业生命周期中经常发生，会影响企业体系的某些部分；而革命性的变革不经常发生，但是一旦发生就会影响整个企业体系。

　　其次来看战略变革的主要任务。企业战略变革的主要任务有调整企业理念（如确定企业使命、确定经营思想和建立行为准则等）、重新定位企业战略，以及重新设计企业的组织结构。

　　最后来看战略变革如何实现。战略变革必须要有支持者来推进。支持者推进战略变革的步骤是：作为变革战略家的高层管理者决定应该做什么；高层管理者指定一个代理人实施变革，且变革代理人必须要赢得关键部门管理人员的支持，不然变革阻力会非常大，变革成功的可能性会降低很多；变革代理人督促各个部门管理人员立即行动，并且给予必要的支持。在变革的实现过程中，会遇到重重障碍，主要有文化障碍和私人障碍。文化障

---

① 宋波,徐飞,伍青生.企业战略管理理论研究的若干前沿问题[J].上海管理科学,2011,33(03):43-51.

碍是因为文化自身的不可管理性，使得其成为一种惯性而阻碍变革。私人障碍有习惯、收入、对未来变革未知的恐惧和选择性接收信息等。比如人们会认为变革会对他们产生影响，从而抵制变革。在进行战略变革时，我们不能因为战略变革有阻碍就放弃，而要尝试减小变革的阻力。比如控制变革节奏，变革不要一步到位，要循序渐进，这样才会有更多的时间提出问题和解决问题。也可以调整变革方式，比如给员工提供新技能学习机会，鼓励有冲突的部门进行对话协商等。还可以缩小变革范围，因为大范围转变会给员工带来强烈的不安全感和较大的刺激，所以在同一个变革目标下可以先采用变革范围比较小的方式，比如只对工作团队进行重组，这样一来，战略变革可以相对顺利地完成。

新希望六和股份有限公司是农牧企业，随着其董事长刘永好年龄的增长，开始对代际传承①有了进一步的安排。在一次董事会会议中，刘永好宣布辞任董事长一职，由其女儿刘畅接班。虽然刘畅成功当选新一任的董事长，但其得票率并不特别高。这可以看出，当时刘畅在公司内部的威信并不够高。对于家族企业②的继承者来说，构建新的权威是其掌控企业发展的必要条件。刘畅开始通过战略变革的方式来建立自己的权威。

根据公司所处的行业环境和自身的经营状况，刘畅认为战略变革的主要任务是淘汰公司的落后产能，调整产业结构，汇聚产业中的优势资源；公司的目标是成为养殖行业中的佼佼者，并开始从多元化向归核化的战略发展。集团中存在着年龄较大的元老级别的管理层，他们与刘畅这样年轻的管理层之间文化和管理方式的差异，阻碍了刘畅实施战略变革的进程。

因此刘畅先对董事会结构进行变革：精简董事会成员，削弱元老级别成员的权力；更换部分董事会成员，任命自身阵营的人员出任总裁一职。

---

① 代际传承，是家族企业独有的一种概念，主要是指家族两代人之间企业的传递和继承，继承人将直接得到企业的所有权、经营权和管理权，这也是家族企业必经的一个阶段。
② 家族企业，是指一个家族掌握着企业的主要的资本或股份，控制着企业的所有权，家族成员出任主要的职务的企业。

这样一来，刘畅稳定地掌握了控制权，为其提供了更大的施展空间，提高了战略变革的效率。在变革过程中，人才战略的变革是重中之重。刘畅多次现身校园招聘会为公司招揽人才，推出"三英计划"为公司培养了大批的年轻人才；之后又通过将两端（养殖端和消费端）战略与互联网相结合的模式，建立起了全产业生态链，使公司直接面向农户和消费者，更好地实现了产能的匹配，保证了食品的安全。与此同时，刘畅积极开拓国外市场，推动了战略变革的进程。

第 2 章

≫

企业战略选择

总体战略

总体战略也叫企业层战略，是企业最高层次的战略。企业需要根据企业的目标，选择企业可以竞争的经营领域，同时合理配置企业经营所必需的资源，使各项业务之间相互支持、相互协调。总体战略常常涉及整个企业的财务结构和组织结构方面的问题。

总体战略分类

企业总体战略可分为三大类：发展战略、稳定战略和收缩战略。

1. 发展战略

企业发展战略的重点是充分利用外部环境、发掘内部优势资源，推动企业更好地发展。发展战略主要包括三种基本类型：一体化战略、密集型战略和多元化战略。

（1）一体化战略

一体化战略是指企业对具有优势和增长潜力的产品或业务，顺着其经营链条纵向或横向延展业务的深度或广度，扩大经营规模，实现企业成长的战略。简单来说，一体化战略就是将独立的若干部分结合在一起成为一个整体的战略。一体化战略按照业务拓展的方向可以分为纵向一体化和横向一体化。纵向一体化就是企业向产业链的上下游发展，可分为向产品或业务的下游发展的前向一体化和向上游发展的后向一体化。

横向一体化，即通过联合或合并获得同行竞争企业的所有权或控制权，最典型的方式就是并购。

（2）密集型战略

研究企业密集型战略的基本框架，是安索夫（Ansoff H.I.）提出的"产品－市场战略组合"，又被称为"安索夫矩阵"[①]。

① 市场渗透——现有产品和现有市场。这种战略强调发展单一产品，用更强的营销手段来提高市场占有率，通过扩大市场份额、开发小众市场、保持市场份额的方法来增加产品使用率。

② 市场开发——现有产品和新市场。市场开发战略是指将现有产品或服务打入新市场。市场开发战略主要适用于以下几种情况：第一，存在未开发或未饱和的市场；第二，可得到新的、可靠的、经济的和高质量的销售渠道；第三，企业在现有的经营领域十分成功；第四，企业拥有扩大经营所需的资金和人力资源；第五，企业存在过剩的生产能力；第六，企业的主业属于正在迅速全球化的产业。

③ 产品开发——新产品和现有市场。这种战略是在原有市场上，通过技术改进与开发研制新产品、延长产品的生命周期、提高产品的差异化程度，来满足市场新的需求，从而改善企业的竞争地位。拥有特定细分市场、产品或服务综合性不强，或范围窄小的企业可能会采用这一战略。

④ 多元化——新产品和新市场。这是新产品与新市场结合的结果，又可分为相关多元化战略和非相关多元化战略。因此多元化战略应当从产品－市场战略组合矩阵中分离出来，归为企业发展战略的另一种基本类型。

（3）多元化战略

多元化战略指企业进入与现有产品和市场不同领域的战略。当现有产品或市场由于地理条件限制、市场规模或者竞争过于激烈等可能没有再增长的空间时，企业通常会考虑多元化战略。企业采用多元化战略有以下三

---

① 刘佳.伊戈尔·安索夫：迎接变化时代的战略考验[J]. 经营与管理,2015(10):10-11.

大原因：第一，在现有产品或市场中持续经营不能达到目标；第二，企业由于以前在现有产品或市场中成功经营而保留下来的资金超过了其在现有产品或市场中的财务扩张所需要的资金；第三，与在现有产品或市场中的扩张相比，多元化战略意味着更高的利润。

多元化战略又可以分为相关多元化（同心多元化）战略和非相关多元化（离心多元化）战略。相关多元化战略，是指企业以现有业务或市场为基础进入相关产业或市场的战略，其相关性可以是产品、生产技术、管理技能、营销渠道、营销技能或用户等方面类似。非相关多元化战略，是指企业进入与当前产业和市场均不相关的领域的战略，其主要目标不是利用产品、技术、营销渠道等方面的共同性，而是从财务上考虑平衡现金流或者获取新的利润增长点，规避产业或市场的发展风险。

采用多元化战略有很多优点，比如分散风险、能更容易地从资本市场中获得融资、找到新的增长点、充分利用资源、运用盈余资金、获得资金或其他财务利益等。与此同时，采用多元化战略也伴随着风险。首先是来自原有经营产业的风险。因为企业资源总是有限的。多元化经营会在资金和管理层注意力方面削弱原有经营。其次是市场整体风险。在宏观力量的冲击之下，企业多元化经营的资源分散加大了风险。再次是产业进入和退出风险。企业在进入新产业之后必须不断地注入后续资源，学习这个产业的有关知识并培养自己的员工队伍，塑造企业品牌。最后是内部经营的整合风险。新投资的业务会通过财务流、物流、决策流、人事流给企业以及企业的既有产业经营带来全面的影响。

2. 稳定战略

稳定战略又叫维持战略，是指限于经营环境和内部条件，企业在战略期所期望达到的经营状况基本保持在战略起点的范围和水平上的战略。采用稳定战略的企业不需要改变自己的宗旨和目标，只需要集中资源用于原有的经营范围和产品，以增加其竞争优势。

稳定战略适用于对战略期环境的预测变化不大，并且前期经营相当成功的企业。通常企业采用这种战略的风险比较小，因为企业可以充分利用原有生产经营领域中的各种资源，从而避免了开发新产品和新市场所必需的巨大资金投入和开发风险，以及资源重新配置和组合的成本，同时防止出现发展过快、过急造成的企业失衡状态。但是，采用稳定战略也有一定的风险。一旦企业外部环境发生较大变动，企业战略目标、外部环境、企业实力三者之间就会失去平衡，使企业陷入困境。稳定战略还容易使企业风险意识减弱，甚至会形成惧怕风险、回避风险的企业文化，降低企业对风险的敏感性和适应性。

3. 收缩战略

收缩战略也称撤退战略，是指企业缩小原有经营范围和规模的战略。企业收缩战略大致可分为主动收缩战略和被动收缩战略两类。主动收缩战略出于大企业战略重组的需要，比如需要筹集资金、改善投资回报率等。小企业短期目标达到后也会采用收缩战略。比如一些小型企业的目标是"赚100万元"，当目标基本达到后，企业不愿再承受继续经营的代价与风险，便会选择主动收缩经营规模。采用被动收缩战略的原因主要有外部原因和内部原因两种。外部原因较多，如整体经济形势、产业周期、技术变化、政策变化、社会价值观或时尚的变化、市场的饱和、竞争行为等，导致企业赖以生存的外部环境出现危机。内部原因主要是企业自己的问题，如企业内部经营机制运行不顺、决策失误、管理不善等，使企业经营陷入困境，不得不采取防御措施。

企业是通过什么方式实施收缩战略的呢？第一种方式是紧缩与集中战略，也称作维持利润战略，它是一种牺牲企业未来发展来维持短期利润的战略。该战略注重短期效果而忽略长期利益，根本意图是帮助企业渡过暂时性的难关，所以往往在企业经济形势不景气时被采用，以维持过去的经济状况和效益，实现稳定发展，具体做法有调整财务战略、削减成本战略等。第二种方式是转向战略，也称调整型收缩战略，是指企业为了谋求更好的发展机会，使有限的资源得到更有效的配置而采用的战略。该战略的适用条件是企业存在一个回报更高的资源配置点，具体做法是重新定位或调整现有的产品和服务及营销策略。它更多涉及企业经营方向或经营策略的改变。第三种方式是放弃战略，即通过将企业的一个或几个主要部门转让、出卖或者停止经营，以求最大限度地收回投资，与前两种收缩战略相比，该战略是比较彻底的撤退方式。

发展战略的主要途径

1. 发展战略可选择的途径

发展战略一般可以采用三种途径，即外部发展（并购）、内部发展（新建）与战略联盟。外部发展是指企业通过取得外部经营资源谋求发展的战略，它的狭义内涵专指并购。并购包括收购与合并：收购指一个企业（收购者）购买和吸纳另一个企业（被收购者）的股权而控股该企业；合并指两个或两个以上的企业之间的重新组合。内部发展是指企业利用自身内部资源谋求发展的战略，其狭义内涵是新建，即建立一个新的企业。战略联盟是指两个或两个以上经营实体之间为了达到某种战略目的而建立的一种合作关系。

从交易费用经济学角度看，并购方式的实质是运用"统一规制"方式实现企业一体化，即以企业组织形态取代市场组织形态。新建方式的实质是运用"市场规制"实现企业的市场交易，即以市场组织形态取代企业组织形态。战略联盟则是这两种组织形态的中间形态。

2. 外部发展（并购）战略
（1）并购的类型
企业并购有许多具体形式，这些形式可以从不同的角度加以分类。
① 按并购双方所处的产业分类。

按并购方与被并购方所处的产业是不是一样，并购可以分为横向并购、纵向并购和多元化并购三种。横向并购中，并购方与被并购方处于同一产

业，它可以消除重复设施，提供系列产品或服务，实现优势互补，扩大市场
份额。纵向并购是指在经营对象上有密切联系，但处于不同产销阶段的企
业之间的并购。多元化并购是指处于不同产业、在经营对象上也无密切联
系的企业之间的并购。

② 按被并购方的态度分类。

按被并购方对并购所持态度不同，并购可分为友善并购和敌意并购。
友善并购，指并购方与被并购方通过友好协商确定并购条件，在双方意见
基本一致的情况下实现产权转让的一类并购。敌意并购，又叫恶意并购，
通常是指当友好协商被对方拒绝后，并购方强行收购对方企业的一类并购。

③ 按并购方的身份分类。

按并购方的不同身份，并购可以分为产业资本并购和金融资本并购。
产业资本并购，一般由非金融企业进行，即非金融企业作为并购方，通过
一定程序和渠道取得目标企业全部或部分资产所有权的并购行为。金融资
本并购，一般由投资银行或非银行金融机构（如金融投资企业、私募基金、
风险投资基金等）进行。

④ 按并购资金来源分类。

按并购资金来源渠道的不同，并购可分为杠杆并购和非杠杆并购。并
购方在实施并购时，如果其主体资金来源是对外负债，即并购是在银行贷
款或金融市场借贷的支持下完成的，就称为杠杆并购。相应地，如果并购
方的主体资金来源是自有资金，则称为非杠杆并购。

（2）并购的动机

企业并购的动机首先是避开进入壁垒，迅速进入并争取市场机会，同
时规避各种风险。其次是获得协同效应[①]。与新建方式相比，并购是一种合
并，成功的合并可以获得协同效应。最后是克服企业负外部性，减少竞争，
增强对市场的控制力。两个独立企业的竞争若表现出负外部性，则竞争的

---

① 协同效应指并购后企业竞争力增强，使得净现金流量超过两家企业预期现金
流量之和，或者并购后企业业绩比两家企业独立存在时的预期业绩高。

结果往往是两败俱伤。而采取并购战略不仅可以减少残酷的竞争，还能够增强竞争优势。

（3）并购失败的原因

并购的失败率是很高的，并购失败的主要原因有以下几种：决策不当、并购后不能很好地进行企业整合、支付过高的并购费用、跨国并购面临政治风险等。

< 案例 2.1 >

HG 公司并购美国 S 公司

HG 公司是我国最大的肉类加工企业，在屠宰和肉制品加工方面均居国内第一。S 公司是美国排名第一的猪肉制品供应商，拥有十几个美国领先品牌。S 公司拥有从饲养到宰杀，再到分装鲜猪肉和制作火腿、培根等产品的一整套生产链，拥有行业领先的食品安全体系，世界级的生物安全系统与科学记录，全供应链的质量控制，卓越的产品追踪能力。但是，近年来 S 公司内部管理存在诸多问题，导致公司经营一直处于举步维艰的境地。 HG 公司和 S 公司在 2002 年就已经开始业务上的接触，S 公司国际一流的品牌、技术、渠道，以及其规模和市场地位，都令 HG 公司极为感兴趣。HG 公司通过并购 S 公司可以取得消费者的信赖，占据更多的国内外市场份额。

慎重起见，HG 公司聘用了在跨国并购方面有着丰富经验的国际知名会计师事务所和律师事务所担任财务顾问和法律顾问，对 S 公司的经营、财务、法律进行全面调查，充分了解 S 公司目前的经营业绩、财务状况及是否有潜在的财务风险等相关重要信息，以降低信息不对称造成的价值评估风险。HG 公司于 2013 年 5 月 29 日发表声明与 S 公司达成并购要约。根据美国股市信息估算，S 公司市价约为 36 亿美元，而 HG 公司以每股 34 美元的价格并购了所有股东股票，并购价款为 47 亿美元，溢价高达 31%，支付对价偏高。评估专家认为，综合考虑到未来的资产协同效应价值及共同分享国内外巨大的市场，还有表外无形资产价值（如商誉等），HG 公司溢价并购 S 公司 100% 的股权，并购价格属于正常范围。HG 公司并购 S 公司，采用了杠杆融资的模式。参与此次银团贷款的银行包括 8 家信誉很高的中外资银行，通过这种模式，银行可以分散一些风险，降低自身的压力。但高额利息支付使 HG 公司短期内的财务压力增加，对未来企业的现金流量需求增大，减弱了企业应对未来不可预见风险的能力。

对于 HG 公司来说，最大的挑战就是如何处理好并购后的整合问题。HG 公司曾发表声明：一是承诺并购后不裁员、不关厂；二是 S 公司独立运营，公司的原管理团队和职工队伍将继续保留原位；三是 S 公司的经营管理方式依旧，在美国以及其他国家的管理都不会发生改变。HG 公司期望通过这些政策措施防止技术人员及客户的流失，降低在管理、文化、经营方面的整合风险。但是，也有专家指出，HG 公司在并购协议中承诺不裁员、不关厂，但随着整合的进行，后期 HG 公司若要裁员，则会面临着重大阻力，会造成 S 公司的人力成本居高不下。

本案例中，HG 公司并购 S 公司的类型为横向并购、友善并购、产业资本并购、杠杆并购。杠杆并购方式下，只需以较少的资本代价即可完成并购，但它也是一种风险很高的企业并购方式。

本案例中，HG 公司并购 S 公司的动机如下。

①争取市场机会。"S 公司国际一流的品牌、技术、渠道，以及其规模和市场地位，都令 HG 公司极为感兴趣"；"HG 公司通过并购 S 公司可以取得消费者的信赖，占据更多的国内外市场份额"。

②获得协同效应。"S 公司拥有从饲养到宰杀，再到分装鲜猪肉和制作火腿、培根等产品的一整套生产链，拥有行业领先的食品安全体系，世界级的生物安全系统与科学记录，全供应链的质量控制，卓越的产品追踪能力。但是，近年来 S 公司内部管理存在诸多问题，导致公司经营一直处于举步维艰的境地"；"HG 公司通过并购 S 公司可以取得消费者的信赖"。

③增强对市场的控制力。"S 公司国际一流的品牌、技术、渠道，以

及其规模和市场地位，都令 HG 公司极为感兴趣"；"HG 公司通过并购 S 公司可以取得消费者的信赖，占据更多的国内外市场份额"。

本案例中，HG 公司并购 S 公司所面临的主要风险如下。

①并购决策不当。为避免这一风险，"HG 公司聘用了在跨国并购方面有着丰富经验的国际知名会计师事务所和律师事务所担任财务顾问和法律顾问，对 S 公司的经营、财务、法律进行全面的调查，充分了解 S 公司目前的经营业绩、财务状况及是否有潜在的财务风险等相关重要信息，以降低信息不对称造成的价值评估风险"。

②并购后不能很好地进行企业整合。为避免这一风险，"HG 公司曾发表声明：一是承诺并购后不裁员、不关厂；二是 S 公司独立运营，公司的原管理团队和职工队伍将继续保留原位；三是 S 公司的经营管理方式依旧，在美国以及其他国家的管理都不会发生改变。HG 公司期望通过这些政策措施防止技术人员及客户的流失，降低在管理、文化、经营方面的整合风险"。但是，也出现了新的整合问题："随着整合的进行，后期 HG 公司若要裁员，则会面临着重大阻力，会造成 S 公司的人力成本居高不下"。

③支付过高的并购费用。为避免这一风险，"HG 公司聘用了国际知名会计师事务所和律师事务所担任财务顾问和法律顾问……以降低信息不对称造成的价值评估风险"，虽然"支付对价偏高"，但"综合考虑到未来的资产协同效应价值及共同分享国内外巨大的市场，还有表外无形资产价值（如商誉等），HG 公司溢价并购 S 公司 100% 的股权，并购价格属于正常范围"。

3. 内部发展（新建）战略

内部发展战略也叫内生增长战略，是企业在不并购其他企业的情况下利用自身的规模、利润等内部资源来实现扩张的战略。一般企业选择内部发展战略的原因是并购通常会产生隐藏的或无法预测的损失，而采用内部发展战略不太可能出现这种情况，企业容易获得财务支持，并且成本可以按时间分摊，风险较低。在并购中，并购者可能还需承担被并购者以前所做的决策产生的后果。内部发展战略存在以下缺点：与购买市场中现有的企业相比，采取内部发展战略在市场上增加了竞争者，这可能会激化某一市场的竞争，使得企业不能接触到其他企业的知识及系统，这可能更具风险；从一开始就缺乏规模经济或经验曲线效应，当市场发展得非常快时，内部发展会显得过于缓慢，进入新市场可能要面对非常大的障碍。

4. 战略联盟

战略联盟形成的动因主要有：促进技术创新、避免经营风险、避免或减少竞争、实现资源互补、开拓新的市场、降低协调成本。战略联盟是介于企业与市场之间的一种"中间组织"；组建战略联盟的企业各方是在资源共享、优势相长、相互信任、相互独立的基础上通过事先达成协议而结成的一种平等的合作伙伴关系。联盟是一种战略性的合作行为，它着眼于优化企业未来竞争环境的长远谋划。从股权参与和契约联结的方式角度来看，可以把企业战略联盟归纳为合资企业、相互持股投资和功能性协议三种类型。战略联盟对比并购来说，企业之间的关系较为松散，因此需要订立协议来明确一些基本内容，如联盟目标、联盟结构、投入的资产、违约责任和解散条款等，同时需要建立合作、信任的联盟关系，相互信任并以双方利益最大化为导向。

业务单位战略

业务单位战略也叫竞争战略。业务单位战略涉及各业务单位的主管以及辅助人员，这些经理人员的主要任务是将企业战略所包括的企业目标、发展方向和措施具体化，形成本业务单位具体的竞争与经营战略。

基本竞争战略

波特在《竞争战略》一书中把竞争战略描述为：采取进攻性或防守性行动，在产业中建立起进退有据的地位，成功地对付五种竞争力[①]，从而为企业赢得超常的投资收益。波特归纳总结了三种具有内部一致性的基本战略，即成本领先战略（Cost Leadership Strategy）、差异化战略（Differentiation Strategy）和集中化战略（Focus Strategy）。这三种战略不管对于大企业还是小作坊，都有重要的指导意义。

1. 成本领先战略

成本领先战略是指企业通过在内部加强成本控制，在研究开发、生产、销售、服务和广告等领域把成本降到最低限度，成为产业中的成本领先者的战略。简单来说，成本领先战略就是通过扩大规模、加强管理最大限度

---

① 五种竞争力即波特五力模型（Porter's Five Forces）中的五种力量：同行业内现有竞争者的竞争能力、潜在竞争者进入的能力、替代品的替代能力、供应商的讨价还价能力与购买者的议价能力。

降低自己的成本，使自己的成本低于竞争对手，从而大大提高自己在市场上的竞争力。

（1）采取成本领先战略的优势

企业采用成本领先战略可以使企业有效地应对产业中的五种竞争力量，以其低成本优势，获得高于行业平均水平的利润。其优势主要有：形成进入障碍、增强企业的讨价还价能力、降低替代品的威胁、保持领先的竞争地位。

（2）成本领先战略的实施条件

成本领先战略的实施条件主要考虑市场情况、资源和能力。在市场情况方面，产品需要有较高的价格弹性，市场中存在大量的价格敏感用户；产业中所有企业的产品都是标准化的产品，产品难以实现差异化；购买者不太关注品牌，大多数购买者以同样的方式使用产品；以及价格竞争是市场竞争的主要手段，消费者的转换成本较低。在资源和能力方面，关键在规模经济①显著的产业中装备相应的生产设施，同时改进产品工艺设计、提高生产能力的利用程度、选择适宜的交易组织形式等。

（3）采取成本领先战略的风险

采取成本领先战略同时也具有风险，如技术的变化可能使过去用于降低成本的投资（如扩大规模、工艺革新等）与积累的经验抵消，产业的新加入者或追随者通过模仿可达到同样的甚至更低的成本，市场需求也会从注重价格转向注重产品的品牌形象，使得企业原有的优势变为劣势。

2. 差异化战略

简单来说，差异化战略就是让自己的产品与竞争对手的产品有明显的不同，通过与众不同的特点来实现差异化竞争。比如京东电商自建物流、苹果手机的操作系统、海底捞的服务等都属于差异化战略。

---

① 规模经济，指大规模生产产生的经济效益，即在一定产量范围内，随着产量的增加，平均成本不断降低的事实。

宝洁公司差异化战略运用非常成功。20 世纪 90 年代，宝洁公司通过在洗发、护发领域布局多个品牌，最终实现了最大限度地瓜分市场。比如，营养头发更健康、更光泽——潘婷，飘逸柔顺——飘柔，头屑去无踪、秀发更出众——海飞丝。后来宝洁公司又出了新品牌，专业美发——沙宣，以及美丽发色——伊卡璐。2010 年，宝洁公司靠这 5 种洗发水占据了中国洗发水市场 75% 的份额。这种"一品多牌"的差异化战略非常有效，先把市场划分成多个细分市场，然后再针对不同的细分市场设计出不同的产品和价格，以满足消费者差异化的市场需求，这样每个品牌都有自己的市场空间。

（1）采取差异化战略的优势

企业采取差异化战略，可以很好地防御产业中的五种竞争力量，获得超过平均水平的利润，同时形成进入障碍，抵御替代品的威胁，以及降低顾客敏感程度、增强企业讨价还价的能力。

（2）差异化战略的实施条件

差异化战略实施条件主要考虑市场情况、资源和能力。在市场情况方面，主要关注产品是否能够充分地实现差异化，且为顾客所认可。顾客的需求是多样化的，若企业属于技术变革较快的产业，则竞争的焦点在于创新。企业实施差异化战略应具备的资源和能力包括：强大的研发能力、产品设计能力和很强的市场营销能力，能够确保激发员工创造性的激励体制、管理体制和良好的创造性文化，从总体上提高某项经营业务的质量、树立产品形象、保持先进技术和建立完善分销渠道的能力。

（3）采取差异化战略的风险

采取差异化战略主要有以下风险：企业形成产品差别化的成本过高、市场需求发生变化、竞争对手的模仿和创新使已建立的差异缩小甚至转向等。

3. 集中化战略

集中化战略是指针对某一特定购买群体、产品细分市场或区域市场，采用成本领先或产品差异化来获取竞争优势的战略。简单来说，集中化战略就是主攻某一细分市场、某个特定客户群或者是某个细分产品线。

（1）采取集中化战略的优势

由于采取集中化战略是企业在一个特定的目标市场上实施成本领先战略或差异化战略，所以，成本领先战略和差异化战略抵御五种竞争力的优势也都能在集中化战略中体现出来。此外，由于集中化战略避开了在大范围内与竞争对手的直接竞争，所以，对于一些力量还不足以与实力雄厚的大公司抗衡的中小企业来说，集中化战略的实施可以增强其相对竞争优势。对于大企业来说，集中化战略的实施能够使企业避免与竞争对手产生正面冲突，使企业处于竞争的缓冲地带。

（2）集中化战略的实施条件

① 购买者群体之间在需求上存在着差异。

② 目标市场在市场容量、成长速度、获利能力、竞争强度等方面具有相对的吸引力。

③ 在目标市场上，没有其他竞争对手采用类似的战略。

④ 企业的资源和能力有限，难以在整个产业实现成本领先战略或差异化战略，只能选定个别细分市场。

（3）采取集中化战略的风险

集中化战略的风险主要有狭小的目标市场导致的风险、购买者群体之间需求差异变小以及竞争对手的进入与竞争等。

4. 基本竞争战略的综合分析——"战略钟"

基本竞争战略的概念非常重要，这是因为它给管理人员提供了思考竞争战略和取得竞争优势的方法。但是企业遇到的实际情况通常都比较复杂，并不能简单地归纳为应该采取哪一种基本竞争战略，而且成本领先战略或差异化战略也只是相对的概念，在它们之中也有多个层次。克利夫·鲍曼（Cliff Bowman）将这些问题纳入一个体系，并称这一体系为"战略钟"。他将产品的价格作为横坐标，将顾客对产品认可的价值作为纵坐标，然后将企业可能的竞争战略选择在这一平面上表现出来。

< 案例 2.2 >

海川公司在餐饮业选择和实施的三种基本竞争战略

海川公司成立于 1994 年，是一家以经营川味火锅为主的餐饮企业。海川公司的创始人张民深知，在需求多样、竞争激烈的餐饮业中，企业要生存和发展，就一定要做出特色、做出信誉和品牌。面对市场上口味不一、各具特色的餐饮企业，海川公司始终将其产品聚焦于川味火锅，并将源于麻辣烫店的浓郁的川蜀风味在其菜品中展现得淋漓尽致。就传统的川味火锅而言，菜品本身提高差异化程度的潜力已经不大。在这种情况下，海川公司奉行"服务至上，顾客至上"的理念，努力提高产品和服务的附加价值。例如：为等候就餐的顾客提供水果、饮料、美甲等人性化的服务；为过生日的顾客准备长寿面和小礼物；听到顾客想吃某品牌特色的小奶糕，立即打车采购以满足其需求；顾客忘带钱，可以下次补交，还为其垫付回家的打车费等。海川公司为顾客提供贴心、周到、优质服务的事例在消费者中广为流传。此外，海川公司坚持"绿色、无公害、一次性"的选料和底料蒸制原则，严把原料关、配料关。 伴随着海川公司知名度的不断提高，其连锁店的数量逐年增加。到 2015 年底，海川公司连锁店的数量在国内有 142 家，海外有 7 家。为了确保优质服务的品牌优势，海川公司坚持自营，不接受任何加盟、联合经营模式。规模的日益增大给海川公司带来了成本优势，无论设备供应还是原材料的供应，海川公司都能采购到质优价低的产品。海川公司将节约的成本回馈给消费者。不少顾客反映，具有优质服务的海川公司，其菜品的价格在同类餐饮企业中是最低的。

本案例中，简要分析海川公司在餐饮业中选择和实施的三种基本竞争战略如下。

①克服零散——获得成本优势。连锁经营能够克服零散，使企业获得规模经济带来的成本优势。"伴随着海川公司知名度的不断提高，其连锁店的数量逐年增加……规模的日益增大给海川公司带来了成本优势，无论设备供应还是原材料的供应，海川公司都能采购到质优价低的产品。海川

公司将节约的成本回馈给消费者。不少顾客反映，具有优质服务的海川公司，其菜品的价格在同类餐饮企业中是最低的"。

②增加附加价值——提高产品差异化程度。许多零散产业的产品或服务是一般性的商品，所以就产品或服务本身来说提高差异化程度潜力已经不大。在这种情况下，一种有效的战略是增加商品的附加价值。"海川公司奉行'服务至上，顾客至上'的理念，努力提高产品和服务的附加价值。例如：为等候就餐的顾客提供水果、饮料、美甲等人性化的服务；为过生日的顾客准备长寿面和小礼物；听到顾客想吃某品牌特色的小奶糕，立即打车采购以满足其需求；顾客忘带钱，可以下次补交，还为其垫付回家的打车费等。海川公司为顾客提供贴心、周到、优质服务的事例在消费者中广为流传。 此外，海川公司坚持'绿色、无公害、一次性'的选料和底料熬制原则，严把原料关、 配料关"；"为了确保优质服务的品牌优势，海川公司坚持自营，不接受任何加盟、联合经营模式"。

③专门化——目标集聚。"面对市场上口味不一、各具特色的餐饮企业，海川公司始终将其产品聚焦于川味火锅，并将源于麻辣烫店的浓郁的川蜀风味在其菜品中展现得淋漓尽致"。

中小企业竞争战略

1. 零散产业中的竞争战略

零散产业是重要的产业结构，在这类产业中，产业集中度很低，没有任何企业占有显著的市场份额，也没有任何一个企业能对整个产业的发展产生重大的影响，所以一般情况下零散产业是由很多中小型企业构成的。零散产业存在于经济活动的许多领域中，一些传统服务业，如快餐业、洗衣业、照相业等都属于这类产业。

（1）产业零散的原因

研究产业零散的原因是分析零散产业战略的重要内容。产业零散的原因主要是产业本身的基础经济特性，例如市场进入障碍低或存在退出障碍、市场需求多样导致产品高度差异化、不存在规模经济或难以达到规模经济；同时，政府政策和地方法规对某些产业集中的限制，新产业中还没有企业有足够的能力以占据主要的市场份额等因素，也是产业零散的原因。

（2）零散产业的战略选择

零散产业中有很多企业，每个企业的资源和能力会有很大差异，因此零散产业的战略选择可以从多个角度考虑。如果从三种基本竞争战略的角度出发，可以将零散产业的战略选择分为以下三类：克服零散——获得成本优势；增加附加价值——提高产品差异化程度；专门化——目标集聚 [①]。

（3）谨防潜在的战略陷阱

零散产业独特的环境结构造成了一些特殊的战略陷阱。在零散产业中进行战略选择要注意以下几个方面：避免寻求支配地位、保持严格的战略约束力、避免过分集权化、了解竞争者的战略目标与管理费用、避免对新产品做出过度反应。

2. 新兴产业中的竞争战略

新兴产业是新形成的或重新形成的产业，其形成的原因是技术创新、消费者新需求的出现，或其他经济和社会变化将某个产品或服务提高到一种潜在可行的商业机会的水平。例如：电信、计算机、家用电器等产业是创新技术的产物；搬家公司、送餐公司、礼仪公司等则是新需求的产物；典当行曾是我国的老产业，随着改革开放，它又成为我国的一个新兴产业。从战略制定的观点看，新兴产业的基本特征是没有游戏规则，缺乏游戏规则既是风险又是机会的来源。

（1）新兴产业内部结构的共同特征

新兴产业在内部结构上彼此差异很大，但是仍有一些共同的结构特征，如技术的不确定性、战略的不确定性、成本的迅速变化等。

---

① 波特 . 零散型产业中的竞争战略 [J]. 当代经理人 ,2006(10):90-92.

（2）新兴产业的发展障碍与机遇

新兴产业在不同程度上面临产业发展的障碍。从产业的五种竞争力角度分析，这些障碍主要表现在新兴产业的供应者、购买者与被替代品三个方面，其根源还在于产业本身的结构特征。新兴产业常见的一些发展障碍有：专有技术选择、获取与应用的困难，原材料、零部件、资金与其他资源供给的不足，顾客的困惑与等待观望，企业管理者缺少承担风险的胆略与能力等。

（3）新兴产业的战略选择

在新兴产业中，风险与机遇共存，而风险与机遇都来源于产业的不确定性。所以在新兴产业的战略制定过程中必须处理好这一不确定性，常用手段有塑造产业结构、正确对待产业发展的外在性等。

蓝海战略

随着全球化竞争的加剧，企业的产品和服务同质化严重，企业需要在"差异化"和"成本领先"中选择一种竞争战略，但是"差异化"会增加成本，而"成本领先"又会降低利润。蓝海战略的前提就是将企业的焦点从竞争对手转移至顾客，从为顾客提供价值的角度出发，跨越现有竞争对手，重新制定和排序产品和服务的价值，达到价值提升和成本降低的双重目的，脱离红海，开创蓝海。

红海战略主要是立足当前已存在的行业和市场，采取常规的竞争方式与同行业中的企业展开针锋相对的竞争。蓝海战略是指不局限于现有产业边界，极力打破这样的边界，通过提供创新产品和服务，开辟并占领新的市场空间的战略。红海和蓝海其实是相对的，并不是绝对的。有的蓝海随着时间推移，突然会变成一片竞争的红海。还有的蓝海其实不是"海"，只是一片"小浅滩"，在里面翻不出"浪花"来。

1. 蓝海战略的内涵

尽管"蓝海"是个新名词，它却不是一个新事物。蓝海的开拓者并不将竞争作为自己的目的，而是遵循另一套完全不同的战略逻辑，即"价值创新"，这是蓝海战略的基石。价值创新要求企业引导整个体系的同时以实现客户价值和企业自身价值飞跃为目标，如果不能将这两个目标相结合，创新必然会游离于战略核心之外。

蓝海战略的制定原则有以下几条：重建市场边界；注重全局而非数字；超越现有需求；遵循合理的战略顺序。在执行战略时也要遵循以下原则：克服关键组织障碍，战略执行属于战略的一部分。

2. 重建市场边界的基本法则

蓝海战略的第一条原则就是，重新构筑市场的边界，从而打破现有竞争局面，开创蓝海。这一原则解决了许多企业经常会碰到的搜寻风险，其难点在于如何成功地从一大堆机会中准确地挑选出具有蓝海特征的市场机会。

蓝海战略总结了六种重建市场边界的基本法则，称之为六条路径框架。路径一：审视他择产业。路径二：跨越战略群组。路径三：重新界定产业的买方群体。路径四：放眼互补性产品或服务。路径五：重设客户的功能性或情感性诉求。路径六：跨越时间[1]。

＜ 案例 2.3 ＞

蓝海战略综合案例"人物山水"

近年来，乡村旅游因其特有的自然资源、民俗风情和历史脉络成为吸引游客的重要旅游项目。然而刚刚起步的乡村旅游人都充斥着廉价的兜售、毫无地方特色的农家乐和旅店揽客，忽视了其特有的文化内涵。对少数成功案例盲目效仿，对周边村落缺乏统一、有效的协调和对比借鉴，导致出现了定位趋同、重复建设的现象。

---

[1] 白胜 . 蓝海战略理论与竞争战略理论的对比分析 [J]. 经济纵横 ,2007(20):64-66.

"人物山水"完全不同于传统的旅游项目，它将震撼的文艺演出现场效果与旅游地实景紧密结合起来，置身于秀丽山水之中的舞台，让观众在观赏歌舞演出的同时将身心融于自然。山水实景构筑的舞台、如梦似幻的视觉效果，给观众带来了特殊的震撼体验。"人物山水"因将歌舞与美景结合在一起，赢得了观光客和民歌爱好者的欣赏。"人物山水"在运营上也有其独到之处。剧组聘请了几百名演员，他们几乎都是当地的农民，没有经过系统的训练，以前也从未登台演出过。对于以体现当地民众生活为主的"人物山水"来说，启用这些乡村百姓，让观众更直观地体验到"人物山水"是真正从山水和农民中诞生的艺术和文化。由于没有明星的加入，剧组成本有所降低，还给当地人民带来了实在的经济利益，为当地旅游带来了巨大的品牌效应。 除此之外，大量游客因为"人物山水"而在乡村出入和停留，使一条原本幽静的山道成为当地政府开发的新景点，让人们看到了一个旅游产业带动周边产业发展的经济现象。以文艺演出的形式推出的"人物山水"，用其独有的魅力吸引着一批又一批来到当地旅游的国内外游客。它已经不单单是一场文艺演出，而是当地旅游的经典品牌。

依据红海战略和蓝海战略的关键性差异，"人物山水"体现出的蓝海战略的特征如下。

①规避竞争，拓展非竞争性市场空间。"刚刚起步的乡村旅游……出现了定位趋同、重复建设的现象"；"'人物山水'完全不同于传统的旅游项目……在运营上也有其独到之处"；"以文艺演出的形式推出的'人物山水'，用其独有的魅力吸引着一批又一批来到当地旅游的国内外游客。它已经不单单是一场文艺演出，而是当地旅游的经典品牌"。

②创造新需求。"让观众在观赏歌舞演出的同时将身心融于自然。山水实景构筑的舞台、如梦似幻的视觉效果，给观众带来了特殊的震撼体验"；"大量游客因为'人物山水'而在乡村出入和停留，使一条原本幽静的山道成为当地政府开发的新景点，让人们看到了一个旅游产业带动周边产业发展的经济现象"。

③打破价值与成本互替定律，同时追求差异化和低成本，把企业行为

整合为一个体系。"启用这些乡村百姓，让观众更直观地体验到'人物山水'是真正从山水和农民中诞生的艺术和文化。由于没有明星的加入，剧组成本有所降低，还给当地人民带来了实在的经济利益，为当地旅游带来了巨大的品牌效应"。

依据蓝海战略重建市场边界的基本法则，"人物山水"在竞争激烈的文化休闲领域中开创新的生存与发展空间的路径如下。

①审视他择产业或跨越战略群组。"将歌舞与美景结合在一起，赢得了观光客和民歌爱好者的欣赏"；"以文艺演出的形式推出的'人物山水'，用其独有的魅力吸引着一批又一批来到当地旅游的国内外游客。它已经不单单是一场文艺演出，而是当地旅游的经典品牌"。

②放眼互补性产品或服务。"将歌舞与美景结合在一起"，"它已经不单单是一场文艺演出，而是当地旅游的经典品牌"。

③重设客户的功能性或情感诉求。"它将震撼的文艺演出现场效果与旅游地实景紧密结合起来，置身于秀丽山水之中的舞台，让观众在观赏歌舞演出的同时将身心融于自然。山水实景构筑的舞台、如梦似幻的视觉效果，给观众带来了特殊的震撼体验"。

④跨越时间，参与塑造外部潮流。"以文艺演出的形式推出的'人物山水'，用其独有的魅力吸引着一批又一批来到当地旅游的国内外游客。它已经不单单是一场文艺演出，而是当地旅游的经典品牌"。

职能战略

职能战略，又称职能层战略，主要涉及企业内各职能部门，如营销、财务、生产、研发、人力资源、信息技术等，确保更好地配置企业内部资源，为各级战略服务，提高组织效率。下面将按照波特价值链的几个主要活动——市场营销、研究与开发、生产运营、采购、人力资源、财务等阐述职能战略的主要内容。

市场营销战略

市场营销战略是企业市场营销部门根据企业总体战略与业务单位战略规划，在综合考虑外部市场机会及内部资源状况等因素的基础上，确定目标市场，选择相应的市场营销策略组合，并予以有效实施和控制的战略。市场营销战略计划的制订是一个相互作用的过程，是一个创造和反复的过程。在现代市场营销理论中，市场营销战略的核心是STP营销，即市场细分（Segmentation）、目标市场选择（Targeting）和市场定位（Positioning）。企业在目标市场上的经营特色和竞争地位，就是通过市场营销组合的特点体现的。

1. 市场细分

市场细分是指根据整体市场上用户的差异性，以影响用户需要和欲望的某些因素为依据，将一个市场的用户划分为两个或两个以上的用户群体，每一个需求特点类似的用户群体就构成一个细分市场（或子市场），可以分为消费者市场细分和产业市场细分。

2. 目标市场选择

企业可以采取的目标市场选择策略有三种，它们分别适用于不同的环境，各有优点和缺陷。

（1）无差异营销策略

无差异营销策略，就是企业把整个市场作为自己的目标市场，只考虑市场需求的共性，而不考虑其差异，运用一种产品、一种价格、一种营销方法，尽可能吸引更多的消费者。无差异营销策略具备品种单一、适合大批量生产和销售、可以发挥规模经济的优势，可以降低生产、存货和运输的成本，缩减广告、推销、市场调研和市场细分的费用，进而以低成本在市场上赢得竞争优势。但是无差异营销策略的应变能力差，一旦市场需求发生变化，企业难以及时调整生产和市场营销策略，特别是在产品生命周期进入成熟阶段后，竞争手段过于单一，因而风险较大。

（2）差异性营销策略

差异性营销策略指企业选择两个或两个以上，直至所有的细分市场作为目标市场，并根据不同细分市场的需求特点，分别设计生产不同的产品，制定不同的营销组合策略，有针对性地满足不同细分市场顾客的需求。差异性营销策略有利于企业面向广阔的市场，满足不同消费者的需要，扩大销售量，增强竞争力，并且使自身适应性增强，富有回旋余地，不依赖于一个市场、一种产品。由于小批量、多品种生产，差异性营销策略要求企业具有较高的经营管理水平，品种、价格、销售渠道、广告、推销手段的多样化，使生产成本、研发成本、存货成本、销售费用、市场调研费用相应增加，有可能降低企业经济效益。

（3）集中化营销策略

集中化营销策略是指企业由于受到资源等条件的限制，以一个或少数几个性质相似的子市场作为目标市场，试图在较少的子市场上占领较大的市场份额。集中化营销策略特别适合于资源有限的小企业，或刚刚进入某个新领域的企业，企业得以集中运用有限的资源，实行专业化的生产和销售，节省营销费用，提高产品和企业知名度。集中化营销策略的缺点是对单一和狭小的目标市场依赖性太大，一旦目标市场情况突然发生变化，企业周旋余地小，风险大；同时，当强有力的竞争者打入目标市场时，企业就会受到严重影响。

3. 市场定位

市场定位就是使本企业产品具有一定特色，以适应目标市场消费者的需求和偏好，并塑造产品在目标消费者心目中的独特形象和合适位置。企业确定目标市场后，需要对产品进行第一次市场定位，也称初次定位。一般新产品投入市场时的定位均属初次定位。随着市场情况的变化，产品就需要重新定位，即对产品进行二次或再次定位。存在以下情况时，企业需要对产品进行重新定位：①出现了强大竞争者，导致本企业产品的销售量及市场占有率下降；②顾客的消费观念、偏好发生变化，由喜爱本企业产品转向喜爱竞争者产品；③本企业产品在目标市场已逐步走向产品生命周期的衰退期。在重新定位前，企业应慎重考虑和评价企业改进产品和转移到另一种定位时所需付出的代价，是否小于在此新市场上的销售收入，以保证产品重新定位后仍有利润。不论是产品的初次定位还是重新定位，一般有以下三种产品市场定位策略可供选择：抢占或填补市场空位策略、与竞争者并存和对峙的市场定位策略、取代竞争者的市场定位策略。

4. 设计市场营销组合

市场营销组合是指企业为追求预期的营销目标，综合运用企业可以控制的各种要素，并对之进行最佳组合的过程。在营销战略的指导下，企业需要设计出由产品、价格、分销和促销这四个在企业控制之下的因素所构成的营销组合。

产品策略包括产品组合策略、品牌和商标策略以及产品开发策略。价格策略也指定价策略，基本的定价方法有成本导向定价、需求导向定价和竞争导向定价。主要定价策略有心理定价策略、产品组合定价策略、折扣与折让策略、地理差价策略。分销策略应当与价格、产品和促销三个方面密切相关，传统的营销理论将分销渠道分为直接分销和间接分销两种类型。促销策略主要由广告促销、营业推广、公关宣传、人员推销等要素构成。

研究与开发战略

研究与开发（以下简称"研发"）被定义为组织层面的企业创新。企业研发的任务包括：改进复杂技术、使流程与当地的原材料相适应、使流程与当地的市场相适应、根据特殊标准和规范来改进产品。产品开发、市场渗透或市场差异化等战略的实施需要成功地开发新产品，或者极大地改良老产品。

1. 研发的类型

研发有两种类型：产品研究和流程研究。新产品开发是形成竞争优势的主要途径，是实施差异化战略的企业战略保障体系中的关键环节。但新产品上市可能花费大量的资金，必须谨慎控制新产品的开发过程。流程研究关注生产产品或提供服务的流程，旨在通过建立有效的流程来节约资金和时间，从而提高生产率。

2. 研发的动力来源

研发可以是"需求拉动"的，即市场的新需求拉动创新以满足需求；也可以是"技术推动"的，即创新来自发明的应用。对于"需求拉动"的研发，研发部门与市场营销部门的协调是非常重要的。尽管研发和生产制造活动从技术角度来看都不属于营销经理的职责，然而由于营销经理对顾客的需求较为了解，所以可以对产品开发提供思路和方向。如果不能很清楚地了解顾客的需求，产品设计人员和工程师就可能会按自己的技术特长来开发和生产产品，而不考虑顾客的需要。但是，最终决定是否购买产品的是顾客，而不是产品设计者或工程师。

3. 研发的战略作用

本书前面所阐述的几个主要战略模型都显示了研发的战略作用，具体如下。

①基本竞争战略——产品创新是产品差异化的来源。流程创新使企业能够采用成本领先战略或差异化战略。

②价值链——研发被纳入价值链的支持性活动。通过提供低成本的产品或改良的差异化产品可以强化价值链。

③安索夫矩阵——研发支持四个战略象限，以通过产品求精来实现市场渗透战略和市场开发战略，产品开发和产品多元化需要更显著的产品创新。

④产品生命周期——产品研发会加速现有产品的衰退，因而需要研发来为企业提供替代产品。

4. 研发定位

企业研发战略至少存在三种定位，一是成为向市场推出新技术、新产品的企业，二是成为成功产品的创新者，三是成为成功产品的低成本生产者。

5. 研发政策

调查显示，成功的企业能够将外部机会与内部优势紧密相连，并且其制定的研发战略与企业目标紧密相关，而制定得当的研发政策是这一过程中的关键环节。研发政策一般考虑以下方面：强化产品或流程改良；强化应用型研究的基础；成为研发领导者或跟随者；开发智能化技术或手动流程；对研发投入高额、适中或低额资金；在企业内部进行研发或者将研发外包；利用大学或私营企业的研究力量。

生产运营战略

生产运营战略是企业根据目标市场和产品特点构造其生产运营系统时所遵循的指导思想，以及在这种指导思想下的一系列决策规划、内容和程序。

生产运营战略与企业内流程的设计、实施和控制相关，它主导着将投入（材料、人工、其他资源、信息和客户）转化为产出（产品和服务）的整个过程。

1. 生产运营战略所涉及的主要因素和阶段

从生产运营战略的横向考察，所有生产运营流程都涉及转化过程，但是转化过程在四个方面或因素上有所不同，它们分别是批量、种类、需求变动以及可见性。

批量，指生产运营流程在所处理的投入和产出的批量上有所不同，较高的投入或产出批量能使生产运营流程成为资本密集型流程。

种类，这是指企业提供的产品或服务的范围，或者企业对这些产品或服务投入的范围。如果种类繁多，那么企业具有灵活性并能够适应个别客户的需求，但企业的工作会变得较为复杂，并且单位成本较高。如果种类有限，则企业比较容易对生产运营流程进行明确限定，这种生产运营流程具有标准化、常规的运营程序及较低的单位成本的优势，但企业在适应客户的差异化需求时灵活性较差。

需求变动，在某些企业中，需求在一年中因季节而异（如旅游业或冷饮业）或者在一天中因时间而异（例如，公共交通的使用量）。当需求变动较大时，生产运营会产生产能利用率的问题，所以企业在制定生产运营流程时应尽量预测需求变动并相应调整产量。

可见性，是指生产运营流程为客户所见的程度。许多服务流程都可被客户高度可见。实现生产运营流程的高可见性需要员工具备良好的沟通技巧和人际关系技巧。与可见性低的生产运营流程相比，可见性高的生产运营流程需要更多的员工，因而运营费用较高。

2. 生产流程计划

生产流程中涉及的资产通常构成了企业总资产中的大部分。生产运营战略实施的大部分过程都发生在生产现场，产品设计、质量控制、员工培训等方面的生产流程计划或决策对战略的实施具有重大影响。

在研究工厂地点和生产设备之前所必须考虑的因素包括：主要资源的可利用性、该地区的当前平均工资水平、与收发货物相关的交通费用、主要市场的地点、该地区所在国家的政治风险以及可用的培训过的员工。对于高技术企业而言，由于经常需要改变主要产品，因此生产成本与生产灵活性同等重要。某些产业（比如生物技术和整形外科等）所依赖的生产体系必须具有足够的灵活性，以使其能够进行频繁的产品变更和新产品的快速引入。

3. 产能计划

产能是指企业在指定时间内能够完成的最大工作量。产能计划是指确定企业所需的生产能力以满足其产品不断变化的需求的过程。企业产能与客户需求之间的差距会导致效率低下，产能计划的目标就是使这种差距最小化。

企业可以通过以下方式来提高产能：引进新技术、设备和材料；增加员工或机器的数量；增加轮班的次数或增添其他生产设备。产能计划的类型包括领先策略、滞后策略和匹配策略。领先策略的目标是将客户从企业竞争者的手中吸引过来，这种策略的潜在劣势在于其通常会产生过量的产能，生产能力不能被充分利用而导致企业成本上升。滞后策略是指仅当企业因需求增长而满负荷生产或超额生产后才增加产能，是一种相对保守的策略，它能降低生产能力过剩的风险，但也可能导致潜在客户流失。匹配策略是指企业通过少量增加产能来应对市场需求的变化，是一种比较稳健的策略。

4. 准时生产系统

准时生产系统（Just In time JIT）是指生产的产品能够精准地满足客户在时间、质量和数量上的需求，无论客户是产品的最终用户还是处于生产线上的其他流程。采用 JIT 时，配送到生产现场的部件和材料正如生产所需，企业不会为防止发生配送延迟的情况而储备材料和部件。

JIT 理论的关键要素有：不断改进、消除浪费、良好的工作场所、缩短生产准备时间、企业中所有员工的参与。JIT 使得企业库存量低、节约成本，降低了存货变质、陈旧或过时的可能性，避免需求突然变动而导致大量产成品无法出售的情况出现，减少了检查和返工的时间。但它的缺点也很明显，由于仅为不合格产品的返工预留了最少量的库存，因而一旦生产环节出错则弥补空间较小。企业按照实际订单生产所有产品，因此并无备用的产成品来满足预期之外的订单，生产对供应商的依赖性较强，并且如果供应商没有按时配货，则整个生产计划都会被延误[①]。

采购战略

采购是指企业取得所用的材料资源和业务服务的过程。采购的任务有识别潜在供应商、对潜在供应商进行评估、招标、报价、对价格及支付事项进行谈判、下订单、跟踪已下达的订单、检查进货，以及对供应商付款。

1. 货源策略

企业在确定应向哪个供应商采购时，可以考虑表 2.1 中的策略：单一货源策略、多货源策略和由供应商负责交付一个完整的子部件。

---

① 王军强，张翠林，孙树栋，等 .MRP Ⅱ、JIT、TOC 生产计划与控制比较研究 [J]. 制造业自动化 ,2005(02):9-13.

表 2.1　企业可采用的货源策略

货源策略	优势	劣势
单一货源策略	1.采购方能与供应商建立较为稳固的关系 2.便于信息的保密 3.能产生规模经济 4.随着与供应商关系的加深，采购方可能获得高质量的货源	1.若无其他供应商，则该供应商的议价能力就会增强 2.采购方容易受到供应中断的影响 3.供应商容易受到订单量变动的影响
多货源策略	1.能够取得更多的知识和专门技术 2.一个供应商的供货中断产生的影响较小 3.供应商之间的竞争有利于对供应商压价	1.难以设计出有效的质量保证计划 2.供应商的承诺较少 3.无法实现规模经济
由供应商负责交付一个完整的子部件	1.允许采用外部专家和外部技术 2.可为内部员工安排其他任务 3.采购方能够就规模经济进行谈判	1.第一阶供应商处于显要地位 2.竞争者能够使用相同的外部企业，因此企业在货源上不太可能取得竞争优势

2. 采购组合

企业的采购策略会因其采用的基本战略而异。采用低成本战略的企业着重于以尽可能低的成本进行采购。大型企业能够通过要求数量折扣以低成本进行采购，采购量在供应商销量中占较大比重的采购方也具有很强的议价能力；小型企业的采购趋势是组成产业网络，即与同一产业内其他小型企业进行合作以集中采购，该网络使小型企业与单一大型企业一样能够要求数量折扣。在许多情况下，企业可通过考虑以下四个因素来设计最佳的采购组合：质量、数量、价格、交货，并通过广泛的调查来锁定供应商。

人力资源战略

1. 人力资源战略的作用

阿姆斯特朗（Armstrong）对人力资源管理做了以下描述：它是取得、开发、管理和激发企业的关键资源的一种战略性和一贯性方法，企业借此实现可持续竞争优势的目标。有效的人力资源战略应包括以下事项：精确识别出企业为实现短期、中期和长期的战略目标所需要的人才类型；通过培训和教育来激发员工潜力；尽可能地提高任职早期表现出色的员工在员工总数中所占的比重；招聘足够的、有潜力成为出色工作者的年轻新人才；招聘足够的、具备一定经验和成就的人才，并帮助其迅速适应企业文化；确保采取一切可能的措施来防止竞争对手挖走企业的人才；激励有才能的人员达到更高的绩效水平，并提高其对企业的忠诚度；打造企业文化，使人才能在这种文化中得到培育并能够施展才华。企业文化应当能够将不同特点的人才整合在共享价值观的框架内，从而组建出一个金牌团队。

2. 人力资源规划

人力资源规划是指在企业发展战略和经营规划的指导下，对企业在某个时期内的人员供给和人员需求进行预测，并根据预测的结果采取相应的措施来平衡人力资源的供需，以满足企业对人员的需求，为企业的发展提供人力资源保证，为达成企业的战略目标和长期利益提供人力资源支持。

人力资源规划的主要内容包括总体规划和业务计划。业务计划的实施可以保证总体规划目标的实现，总体规划包括总目标、总政策、实施步骤和总预算的安排。业务计划则包括人员补充计划、分配计划、提升计划、教育培训计划、工资计划、保险福利计划、劳动关系计划、退休计划等。其制订步骤如下：调查、收集和整理涉及企业战略决策和经营环境的各种信息；根据企业或部门实际确定其人力资源规划的期限、范围和性质，建立企业人力资源信息系统，为相关预测工作准备精确而翔实的资料；在分析人力资源供给和需求影响因素的基础上，采用以定量为主结合定性分析的各种科学预测方法对企业未来人力资源供求进行预测，制订人力资源供求平衡的总计划和各项业务计划。

3. 人力资源获取

人力资源获取是通过员工招聘来实现的。招聘包括招募、甄选与录用三部分。企业的招募渠道有两个：外部招募和内部招募。员工甄选是指通过运用一定的工具和手段来对已经招募到的求职者进行鉴别和考察，挑选出企业所需要的、恰当的职位空缺填补者，然后录用他们。

4. 人力资源培训与开发

员工培训的流程包括：培训需求分析、培训计划设计、培训实施和培训效果评估。具体培训应按照培训对象、培训方式、培训性质、培训内容的不同进行划分。一般情况下企业的人力资源开发与培训与其竞争战略相匹配。当企业采取成本领先战略时，通常强调个人能力，企业往往通过自己设立企业大学或者定期培训来提升员工的知识水平和能力。采用差异化战略的企业则强调自身与其他企业的不同之处，因此要求其员工具有广泛的知识、技巧和创造性，采用这种策略的公司往往通过传递外部新颖信息、购买所需技能或者利用外部培训机构对团队进行培训。采用集中化战略的企业，对专门领域的知识需求更迫切，一般强调应用范围适中的知识和技巧。这种知识和技巧一旦成为专有知识，便不易转换和共享，企业可能利用在职培训或者外部培训，自己培养技能或者购买技能。

5. 人力资源绩效评估

绩效是指员工在工作过程中所表现出来的与组织目标相关的并且能够被评价的工作结果与行为。绩效管理就是对绩效评估的过程。完整意义上的绩效管理是由绩效计划、绩效监控、绩效考核和绩效反馈这四个部分组成的一个系统。绩效计划会随着绩效周期的推进而不断做出相应的修改。绩效监控是指在整个绩效期间内，通过上级与员工之间持续的沟通来预防或解决员工实现绩效时可能发生的各种问题的过程。绩效考核通常也称为业绩考评或"考绩"，是针对企业中每个员工所承担的工作，应用各种科学的定性和定量的方法，对员工行为的实际效果及其对企业的贡献或价值进行考核和评价。绩效反馈主要是通过考核者与被考核者之间的沟通，就被考核者在考核周期内的绩效情况进行面谈，在肯定其成绩的同时，找出其工作中的不足并鼓励其加以改进。

6. 人力资源薪酬激励

薪酬管理是指在组织经营战略和发展规划指导下，综合考虑内外部各种因素的影响，确定薪酬体系、薪酬水平、薪酬结构、薪酬构成，明确员工应得的薪酬，并进行薪酬调整和薪酬控制的过程。在人力资源管理中，薪酬激励的方式可以提高员工工作的积极性，促进其工作效率的提高，最终能够促进企业的发展。但实际上，薪酬激励虽然起到了一定的积极作用，但是仍然具有一些缺点。原因在于企业在实施薪酬激励时，很容易出现与绩效管理脱离的状况，一旦薪酬管理出现不公平、不透明的现象，往往会导致员工出现负面情绪，再加上薪酬激励单一化模式的影响，使得薪酬激励无法发挥有效作用。以上情况是企业人力资源管理急需完善的部分，也是企业前进中必须解决的问题。

财务战略

1. 财务战略的概念

财务战略是财务性质的战略，属于财务管理的范畴。财务战略主要考虑财务领域全局的、长期的发展方向问题，并以此与传统的财务管理相区别。有效的财务管理不一定能使经营灾难转变为企业的成功，但是失败的财务管理足以使成功的经营战略一无所获，甚至使优秀的企业毁于一旦。

财务管理可以分为资金筹集和资金管理两大部分，相应地，财务战略也可以分为筹资战略和资金管理战略。狭义的财务战略仅指筹资战略，包括资本结构决策、筹资来源决策和股利分配决策等。资金管理涉及的实物资产的购置和使用，是由经营战略而非财务战略指导的。资金管理战略主要考虑如何建立和维持有利于创造价值的资金管理体系。股东价值是由企业长期的现金创造能力决定的，而现金创造能力又是由企业对各种因素（包括资金因素）进行管理的方式决定的。

2. 财务战略的确立

财务战略的确立是指在追求实现企业财务目标的过程中，高层财务管理人员对筹资来源、资本结构、股利分配等方面做出决定以满足企业发展需要的过程。

（1）融资渠道与方式

① 融资方式。一般来说，企业有四种不同的融资方式：内部融资、股权融资、债权融资和资产销售融资。

② 企业融资能力的限制。在理解了企业的几种主要融资方式后，管理层还需要了解限制企业融资能力的两个主要方面：一是企业进行债务融资面临的困境，二是企业进行股利支付面临的困境。

（2）融资成本

为了评价上述融资方式，需要考察它们给企业带来的融资成本。下面将分别讨论股权融资与债权融资的资本成本，其中重点内容是估计股权融资成本。估计和计算融资成本有以下四种情况：用资本资产定价模型（CAPM）估计权益资本成本，用无风险利率估计权益资本成本、长期债务资本成本、加权平均资本成本。

（3）最优资本结构

分析资本成本的最终目的是为企业做出最优的资本结构决策提供帮助。具体来讲，资本结构是权益资本与债务资本的比例。每个企业都有自身的情况，因此资本结构决策不可能像数学公式那样可以按照统一的模式得出。虽然资本成本计算复杂且不确定，但仍有必要进行计算，这是因为企业需要让所有的利益相关者确认自己的付出得到了回报。如果这些资金投资在企业外部能得到比投资在该企业更多的收益，企业的利益相关者就会改变自己的投资策略，从而影响企业的融资成本。此外，对企业来说，分析资本成本是企业做出新的战略规划的起点，如果企业即将启动项目的预算收益低于资金的融资成本，那么企业就应该放弃该项目。

（4）股利分配策略

① 决定股利分配策略的因素。盈余分配和留存政策是财务战略的重要组成部分。保留的盈余是企业一项重要的融资来源，财务经理应当考虑保留盈余和发放股利的比例。大幅的股利波动可能降低投资者的信心，因此企业通常会通过调整盈余的变化来平衡股利支付。企业发放的股利可能被投资者看作一种信号。企业在决定向股东支付多少股利时，考虑的重要因素之一就是为了满足融资需要而留存的盈余资金金额。

② 实务中的股利政策。一般而言，实务中的股利政策有四大类：固定股利政策、固定股利支付率政策、零股利政策和剩余股利政策。固定股利政策，每年支付固定的或者稳定增长的股利；固定股利支付率政策，股利支付率等于企业发放的每股现金股利除以企业的每股盈余；零股利政策，这种股利政策是将企业所有剩余盈余都投资回本企业中；剩余股利政策，这种股利政策指只有在没有现金净流量为正的项目的时候才会支付股利。

‹ 案例 2.4 ›

A 公司和 B 公司如何选择合适的股利政策及融资政策

A 公司是一家大型上市公司，在世界许多地方开展多种业务。A 公司的财务目标是，使股东财富平均每年增长 10%。日前，其净资产总额为 200 亿元，杠杆比率为 48%，这一水平在本产业中是比较普遍的。目前该公司正在考虑为一项收购业务筹集大量资金。

B 公司是计算机相关产业内的一家私营企业。该公司已创立 5 年，由其主要股东，即最初的创始人管理。并且，由于该公司曾将公司股票作为奖金发放给雇员，因此大部分雇员亦是公司股东。鉴于股东们均不打算出售该公司的股票，因此不存在为股票定价的问题。无论利润如何，该公司一直按照每股0.6元的比率派发股利。到目前为止，公司每年的利润足以支付当年股利，且每年至少支付1次股利，最多支付2次股利。B公司目前完全采用权益融资方式，而未来业务的拓展可能需要再融资1亿元。该公司在上一资产负债表日的净资产总额为4亿元。

那么，A公司和B公司应如何选择适合自身的股利政策及融资政策呢？

第一，股利政策。B公司股东获得的现金回报只有股利，而且股利在5年间保持不变，是可预期的。对于创始人股东，股利可能构成其每年从公司获得报酬的一大部分，而其他雇员很可能将每年获得的股利当作奖金。毋庸置疑，该公司股票价值在过去几年一直在涨，但股东并未试图卖出手中的股票获利。而且，卖出股票存在一些实际困难。因此，对于B公司来说，理想的股利政策是继续按照目前的水平支付固定股利，而未来有可能的话再增加股利，但是必须根据融资需求衡量这种政策。

由于上市公司的股票容易售出，因此，如果限制股利的目的是为投资融资，那么与B公司股东相比，A公司股东不会特别担心，因为他们可以通过卖出股票取得资本收益，轻易地解决现金不足的问题。但是，上市公司普遍认为，股利政策是董事会向投资者提供信息和影响市场预期的一种方式，因此是非常重要的。上市公司通常期望保持平稳的股利支出水平，以反映公司潜在的长期发展趋势。这样的话，A公司采取固定股利支付率政策可能较为恰当。

第二，融资政策。这两家公司可以采用三种主要方式进行融资：权益融资的限制股利支出、权益融资的发行股票和借款。为拓展业务，B公司希望融资1亿元，而这相当于其现有资产的1/4。采取权益融资的限制股利支出方式，并不能使企业筹集到足够的资金，而且如上文所述，这样将使股东从投资中可获得的唯一的现金回报减少。要大幅降低股利，公司董事与股东之间必须达成协议，并向雇员说明，他们现在做出牺牲，将来能够得到补偿。就向现有股东按照当前比例增发新股的方法来说，要股东达成一致意见可能很难，不过，股东可能会允许由那些愿意申购的人购买新股。这样有可能筹集到充足的现金，但是相应地，可能改变公司的相对所有权结构。由于该公司完全采用权益融资方式，因此，借款 1 亿元是可行的，公司的杠杆比率将变成 20% 左右，这一比率可能低于董事会需要担心财务风险过大的水平。相对低廉的利息和债务发行成本使得借款成为希望拓展业务的 B 公司的一个好的融资来源。

A 公司需要为其收购业务筹集大量资金。但限制股利的做法本身并不能提供充足的现金，反而可能给市场发出公司业绩前景令人担忧的错误信号。在此情况下，A 公司向收购目标公司的股东发行新股是比较适当的做法。这样就不会涉及现金，同时借款风险不会增加。但是需要就目标公司是否应在 A 公司董事会占据席位的问题做出决定。A 公司还可以考虑借款，以便以现金的方式收购目标公司，但是这可能使公司的杠杆比率提高到超出理想水平的程度。另外一种备选方法是，同时采用权益融资和现金借款方式为收购筹集现金。

3. 财务战略的选择

（1）基于产品生命周期的财务战略选择

产品的生命周期理论假设产品都要经过导入期、成长期、成熟期和衰退期四个阶段。企业在产品生命周期不同发展阶段的经营特征如表 2.2 所示。

表 2.2　企业在产品生命周期不同发展阶段的经营特征

项目	产品生命周期阶段			
	导入期	成长期	成熟期	衰退期
经营风险	非常高	高	中等	低
财务风险	非常低	低	中等	高
资本结构	权益融资	主要是权益融资	权益＋债务融资	权益＋债务融资
资金来源	风险资本	权益投资增加	保留盈余＋债务	债务
股利分配	不分配	分配率很低	分配率高	全部分配
价格／盈余倍数	非常高	高	中	低
股价	迅速增长	增长并波动	稳定	下降并波动

①产品生命周期不同阶段的财务战略。

产品生命周期的导入期是企业经营风最高的阶段。新产品是否有销路，是否被既定客户接受，是否会受到发展和成本的制约，市场能否扩大到足够的规模……即使这些方面都没有问题，企业也可能无法通过获得足够的市场份额来树立其在行业中的地位。以上都是这一阶段的风险。经营风险高意味着这一时期的财务风险可能较低，因此权益融资是最合适的。

处于成长期的企业财务战略。一旦新产品或服务成功进入市场，销售数量可能会快速增长。这不仅代表了产品整体业务风险的降低，而且表明企业需要调整战略。竞争策略的重点在于开展营销活动，以确保产品的销量增长速度令人满意以及企业能增加市场份额和扩大销售量。这些表明企业经营风险尽管比产品导入期降低了，但仍然很高。要控制资金来源的财务风险，需要继续使用权益融资。然而，最初的风险投资家渴望实现资本收益以使他们能启动新的商业投资，这意味着企业需要识别新的权益投资者来替代原有的风险投资者并获得高速增长阶段所需的资金。最具吸引力的资金来源通常来自公开发行的股票。

处于成熟期的企业财务战略。当产品进入成熟期，产品的销售额很大而且相对稳定，利润也比较合理，企业的经营风险再次降低。处在这一阶段的企业的风险在于能否维持这种稳定成熟的阶段，以及企业能否保持自身在产品成长期已经获得的市场份额。此时企业的战略重点将转移到提高效率、保持市场份额上。从筹资战略看，在产品成熟期，经营风险相对降低，从而使得企业可以承担中等程度的财务风险，同时企业开始出现大量正现金净流量，这些变化使企业可以开始使用债务融资而不单单使用权益融资。在这一时期，企业可采取相对激进的融资战略，即可保持相对较高的负债率，以有效利用财务杠杆。从股利分配战略看，在产品成熟期，企业现金流量充足，融资能力强，能随时筹集到经营所需资金，资金积累规模较大，具备较强的股利支付能力。这个时期企业的销售额和总利润额虽然保持较高水平，但增长速度已经趋于平稳甚至出现停滞，而且此时的股东也希望获得较高的投资回报。因此，企业可以采取稳健的高股利分配政策，提高股利支付率，并且以现金股利的方式为主。

处于衰退期的企业财务战略。当产品进入衰退期，产品市场出现萎缩，利润空间越来越小，企业开始最大限度地转让、变卖专用设备、厂房，或另外开发新产品、新市场。此时，经营活动和投资活动都能产生巨额的现金流入，而融资活动的净现金流出也达到了历史高位。企业面临的经营风险比先前的成熟阶段更低了，主要风险是在该产业中企业还能够生存多久。从融资战略看，在产品衰退期，企业仍可继续保持较高的负债率，而不必调整其激进型的资本结构。从股利分配战略看，仍可采取高股利支付率政策。当产品进入衰退期后，企业通常不想扩大投资规模，折旧也不会再用来重置固定资产，企业自由现金流量可能超过披露的利润额，因此可以向股东支付很高的股利。这种股利回报既是对现有股东投资机会的补偿，也是对其在产品导入期和成长期"高风险、低报酬"的一种补偿。当然，高回报应以不损害企业未来发展所需投资为限。

② 财务风险与经营风险的搭配。

经营风险的大小是由特定的经营战略决定的，财务风险的大小是由资本结构决定的，它们共同决定了企业的总风险，财务风险与经营风险的搭配如表 2.3 所示。

表 2.3 财务风险与经营风险的搭配

财务风险类别	高经营风险	低经营风险
高财务风险	具有很高的总体风险	具有中等程度的总体风险
低财务风险	具有中等程度的总体风险	具有很低的总体风险

（2）基于创造价值或增长率的财务战略选择

创造价值是财务管理的目标，也是财务战略管理的目标。鉴于财务战略是影响企业价值可持续增长的重要动因，对于日益追求价值可持续增长的企业来说，构建可持续增长的价值创造财务模型是财务战略管理的关键。影响价值创造的主要因素有企业的市场增加值，影响企业市场增加值的因素包括投资资本回报率、资本成本和增长率、销售增长率、筹资需求与价值创造。

根据以上分析，我们可以通过一个矩阵，把价值创造（投资资本回报率－资本成本）和现金余缺（销售增长率－可持续增长率）联系起来。该矩阵称为财务战略矩阵，可以作为评价和制定战略的分析工具，如图2.1所示。

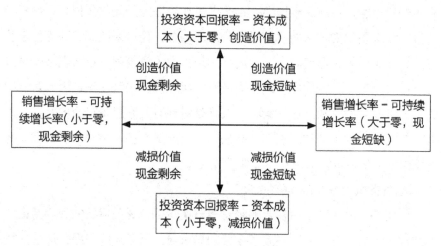

图2.1　财务战略矩阵

处于不同象限的业务单位（或企业）应当选择不同的财务战略。

增值型现金短缺的财务战略选择。在第一象限中，销售增长率大于可持续增长率。该象限业务往往处于成长期，一方面该业务能够带来企业价值增值，另一方面其产生的现金流量不足以支持业务增长，企业会遇到现金短缺的问题。在这种情况下，业务增长越快，现金短缺越严重。在实务中，首先应判明这种高速增长是暂时性的还是长期性的。高速增长是供不应求的反映，会引来许多竞争者。高速增长通常是不可持续的，增长率迟早会下降。如果高速增长是暂时的，企业应通过借款来筹集所需资金，等到销售增长率下降后，企业会有多余现金归还借款。如果预计这种情况会持续较长时间，不能用短期周转借款来解决资金短缺问题，则企业必须采取战略性措施解决这一问题。长期性高速增长的资金问题有两种解决途径：一是提高可持续增长率，使之向销售增长率靠拢；二是增加权益资本，提供增长所需的资金。

增值型现金剩余的财务战略选择。在第二象限中，销售增长率小于可持续增长率。该象限业务往往随着企业发展，获得持续增长的现金净流量。其内外部环境也发生了一系列的变化，新技术不断成熟，新产品逐渐被市场接受，目标市场逐步稳定，获利水平持续增长，为企业带来预期的现金流。这时企业的现金流量足以满足其自身发展需求，即该业务能够为企业带来价值增值。本阶段关键的问题是企业能否利用剩余的现金实现迅速增长，使销售增长率接近可持续增长率。由于企业可以创造价值，加速增长可以增加股东财富，因此首选的战略是利用过剩的资金促进业务增长，可以通过内部投资和收购相关业务实现。如果加速增长后仍有剩余现金，找不到进一步投资的机会，则企业应把这些资金通过增加股利支付、回购股份等途径返还给股东，使他们可以选择其他创造价值的投资。如果长期占用股东的资本，又不能给予股东相应的回报，将不利于企业的长期价值增加。

减损型现金剩余的财务战略选择。在第三象限中，销售增长率小于可持续增长率。该象限的业务虽然能够产生足够的现金流量维持自身发展，但是业务的增长反而会降低企业的价值。这是业务进入衰退期的前兆。处于减损型现金剩余阶段的企业的主要问题是盈利能力差，而不是增长率低，简单的加速增长很可能有害无益。首先应分析盈利能力差的原因，寻找提高投资资本回报率或降低资本成本的途径，使投资资本回报率超过资本成本。首选的战略是提高投资资本回报率。应仔细分析经营业绩，寻找提高投资资本回报率的途径。主要途径有：提高税后经营利润率，包括扩大规模、提高价格、控制成本等；提高经营资产周转率，降低应收账款和存货等资金占用。在提高投资资本回报率的同时，审查目前的资本结构政策，如果负债比率不当，可以适度调整，以降低平均资本成本。如果企业不能提高投资资本回报率或者降低资本成本，无法扭转价值减损的状态，就应当把企业出售。

减损型现金短缺的财务战略选择。在第四象限中，销售增长率大于可持续增长率。该象限的业务既不能带来企业价值的增值，又不能支持其自身的发展，并且会由于增长缓慢遇到现金短缺问题。这种业务不能通过扩大销售得到改变。由于股东财富和现金都在被吞噬，企业需要快速解决问题，主要方法有以下几种。第一，彻底重组。如果盈利能力低是本企业的独有问题，应在仔细分析经营业绩、寻找价值减损和不能充分增长的内部原因后，对业务进行彻底重组。这样做的风险是，如果重组失败，股东将蒙受更大损失。第二，出售。如果盈利能力低是整个行业的衰退引起的，企业无法对抗衰退市场的自然结局，应尽快出售以减少损失。即使是企业独有的问题，由于缺乏核心竞争力，无法扭转价值减损的局面，也需要选择出售。在一个衰退行业中挽救一个没有竞争力的业务，成功的概率不大，往往会陷入资金陷阱。

3

战略实施与企业成本
分析和控制模式

扫码即可观看
本章微视频课程

组织结构的构成要素

组织结构是组织为实现共同目标而进行的各种分工和协调的系统。它可以平衡企业组织内专业化与整合两个方面的要求，运用集权和分权的手段对企业生产经营活动进行组织和控制 [1]。不同产业、不同生产规模的企业结构是不同的。因此，组织结构的基本构成要素是分工与整合。

1. 分工

分工是指企业为创造价值而对其人员和资源的分配方式。一般来讲，企业组织内部不同职能或事业部的数目越多、越专业化，企业的分工程度就越高。

企业在组织分工上有以下两个方式。

①纵向分工。企业高层管理人员必须在如何分配组织的决策权上做出选择，以便很好地控制企业创造价值的活动，这种选择就是纵向分工。例如，企业高层管理人员必须决定对事业部的管理人员授予多少权利和责任。

②横向分工。企业高层管理人员必须在如何分配人员、职能部门以及事业部方面做出选择，以便增加企业创造价值的能力，这种选择就是横向分工。例如，企业高层管理人员是选择设立销售部门与广告等促销部门，还是将两个部门合并为一个整体。

---

① 廖琪宗．企业组织结构对内部控制的影响 [J]．现代企业，2015(06):8-9.

2. 整合

整合是指企业为实现预期的目标而采用的协调人员与职能的手段。为了实现企业目标,企业必须建立组织结构,协调不同职能与事业部的生产经营活动,以便有效地执行企业的战略。例如,为了开发新产品,企业可以建立跨职能的团队,使不同部门、不同职能的员工一起工作。这就是一般意义上的整合。

总之,分工是将企业转化成不同职能及事业部的手段,而整合是要将不同的部门结合起来。

〈 案例 〉

J 市图书馆不断完善总分馆服务体系

J 市图书馆是全国建立最早的公共图书馆之一。1996 年,J 市图书馆着手计算机自动化管理和电子数字资源建设,经过几年的努力,逐步实现了图书馆管理和服务工作的自动化、信息化。2003 年,J 市图书馆通过网络,对市、区、镇、村各个层级的图书馆实施统一管理,实现了资源的统一流通、统一检索、通借通还。2007 年,J 市图书馆开始探索建设城乡一体化公共图书馆总分馆服务体系,十几年来,这一现代化的服务体系显现出极其强劲的生命力。

①调整和重新定位图书馆的功能。J 市图书馆馆长李红认为,传统图书馆的功能是以书为中心,现代图书馆则是以人为中心。这一转变必然要求图书馆改变服务形态,从读者真正的需求出发提供有效的服务。当今的阅读已不是"作家写书、出版社发行、读者阅读"简单的线性流程,而是要借助信息技术,通过活动来推广阅读,满足读者在不同场景的阅读需求。

②依据读者需求的改变而求新、求变。J 市图书馆针对学龄前儿童、少年、中青年、老年和特殊群体,设计了各类系列课程及活动,这些课程和活动会随着时代的变化进行调整。例如,面对老年人的信息素养培训课程

已开展了近十年，最初教老年人如何开关计算机、使用鼠标、用键盘打字，如今，以智能手机为载体，开设了更多的课程，其中最受老年人欢迎的课程是手机摄影和制作电子相册。

③不断完善各级组织体系。在J市图书馆总分馆服务体系中，对于总馆、乡镇分馆、礼堂书屋、流通点等各个节点，在建设标准、业务规范和管理规范上都有明确的规定。通过健全的组织体系，J市图书馆借助信息技术，将标准化、规范化的管理活动由市一级层层推广到基层，"一竿子插到底"。2019年，J市图书馆因为借助信息网络，一年举办了5 000场（日均13场）活动，这在网络上引起了广泛关注，J市图书馆荣登"中国最佳创新公司50强"榜单。2020年1月16日，国内一个主流报刊刊发了一篇题为《J市图书馆办成"连锁店"》的文章，点赞J市图书馆。

接下来依据组织结构的基本构成要素，分析J市图书馆是如何不断完善其总分馆服务体系的。J市图书馆总分馆服务体系的分工体现在：对于总馆、乡镇分馆、礼堂书屋、流通点等各个节点，在建设标准、业务规范和管理规范上都有明确的规定。J市图书馆总分馆服务体系的整合体现在：J市图书馆通过网络，对市、区、镇、村各个级别的图书馆实施统一管理，实现了资源的统一流通、统一检索、通借通还；J市图书馆借助信息技术，将标准化、规范化的管理活动由市一级层层推广到基层，"一竿子插到底"。

纵、横向分工结构

纵向分工结构

1. 纵向分工结构的基本类型

纵向分工是指企业高层管理人员为了有效地贯彻执行企业的战略，选择适当的管理层次和正确的控制幅度，并说明连接企业各层管理人员、工作以及各项职能的关系的一种分工结构。纵向分工结构的基本类型有两种：一是高长型组织结构，二是扁平型组织结构。纵向分工结构的基本类型如图 3.1 所示。

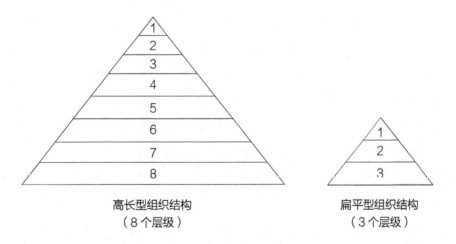

高长型组织结构　　　　　　　　　扁平型组织结构
（8 个层级）　　　　　　　　　　（3 个层级）

图 3.1　纵向分工结构的基本类型

①高长型组织结构。高长型组织结构是指具有一定规模的企业的内部

有很多管理层次，在每个层次上，管理人员的控制幅度较窄的一种组织结构。这种结构有利于企业内部的控制，但对市场变化的反应较慢。从实际管理来看，拥有3 000名员工的企业的平均管理层次一般为7个，如果某企业有8个管理层次，则为高长型组织结构。

②扁平型组织结构。扁平型组织结构是指具有一定规模的企业的内部管理层次较少的一种组织结构。这种结构有利于企业及时地对市场的变化做出相应的反应，但容易造成管理的失控。例如，企业为了更及时地满足市场的需求，追求产品的质量与服务，通常采用扁平型组织结构。企业的管理层次过多，会导致战略难以实施，而且管理费用会大幅度增加。

2. 纵向分工结构组织内部的管理问题

（1）集权与分权

在企业组织中，集权与分权各有不同的适用条件，企业应根据自身具体情况选择。

集权是指企业的高层管理人员拥有最重要的决策权力。在战略管理中，集权可以使企业高层管理人员比较容易地控制与协调企业的生产经营活动，以达到企业预期的目标。集权型企业一般拥有多级管理层，并将决策权分配给顶部管理层；其管理幅度比较窄，从而呈现出层级式结构。较为典型的集权型企业包括多个专门小组，如营销、销售、工程、产品、研发、人事和行政小组。产品线数量有限且关系较为密切的企业更适于采用集权型结构。专业化意味着收益和节约。然而，当企业产品线数量过多或者专业化并非企业的重要资产时，集权型结构的效果就稍为逊色。

分权型结构一般包含更少的管理层次，并将决策权分配到较低层级的人员，从而具有较宽的管理幅度并呈现出扁平型结构。近年来，组织结构的设计多倾向于分权和员工授权程度更大的结构，而不太采用独裁型结构和集权型结构。这种转变的基础理念是企业应当将权力分配给各个决策层级以激励员工，这样企业能对其所在市场做出更快反应。分权型结构减少了信息沟通的障碍，提高了企业反应能力，能够为决策提供更多的信息并对员工产生激励作用。近年来分权理论提倡将非关键性活动外包。采用这一方法的前提是，某些情况下由外包者提供服务可以比企业内部提供服务更好、更有效率。当企业需要通过实施战略控制来培养战略能力并获得竞争优势时，采用外包的方式能够使企业将其资源和精力集中在关键的价值链活动上。这一过程会减少企业内部管理层次，并使组织结构扁平化。但也有人认为外包过量会使企业成为皮包企业，从而受到外部供应商的支配，并丧失主宰自身市场地位的技术和能力。

值得注意的是，企业采用集权型组织结构还是分权型组织结构并不是简单依据其采取的组织结构的类型（如是事业部结构还是职能部结构）。企业采用以产品为基础的事业部结构而由总经理进行所有决策，这样的情况也是屡见不鲜的。比较重要的一点是，企业不仅应选择适当的结构，还应对各个级别的权力做出适当的分配。此外，决策度与责任的大小也与企业的文化密切相关。比如，分权型企业要想成功，其员工必须在实际工作中承担责任，仅仅要求他们承担责任是远远不够的，管理这种文化的变化是企业成功的关键要素。

（2）中层管理人员人数

企业在选择组织层次和指挥链时，要依据自己的实际情况。选择高长型组织结构时，要注意这种结构需要较多的中层管理人员，会增加行政管理费用。企业为了降低成本，提高效率，应尽量减少管理层次。

（3）信息传递

企业内部信息传递是企业组织管理中的一个重要环节。企业内部管理层次越多，信息在传递的过程中就会发生不同程度的扭曲，不可能完整地到达信息传递的目的地，这样也会增加管理的费用。因此，企业在选择高长型组织结构时，应慎重。

（4）协调与激励

企业的管理层次过多时，会妨碍内部员工与职能部门间的沟通，增加管理费用。指挥链越长，沟通越困难，会使管理没有弹性。特别是在新兴技术企业中，如果采用高长型组织结构，企业通常会遇到各种障碍，不能有效地完成目标。在这种情况下，企业应当采用扁平型组织结构。在激励方面，高长型组织结构中的管理人员在行使权力时，往往会受到各种限制，结果是企业的管理人员容易产生推诿现象，不愿意承担责任，高层管理人员需要花费大量的时间从事协调工作。而在扁平型组织结构中，一般管理人员拥有较大的职权，并可对自己的职责负责，效益也可以清楚地显现，并有较好的报酬。因此，扁平型组织结构比高长型组织结构更能调动管理人员的积极性。

横向分工结构

从横向分工结构来看，企业组织结构有 8 种基本类型：创业型组织结构、职能制组织结构、事业部制组织结构、M 型企业组织结构（多部门结构）、战略业务单位组织结构、矩阵制组织结构、H 型结构（控股企业 / 控股集团组织结构）和国际化经营企业的组织结构。

（1）创业型组织结构

创业型组织结构是多数小型企业的标准组织结构模式，属于简单结构，如图 3.2 所示。在这一结构下，企业的所有者或管理者对若干下属实施直接控制，并由其下属执行一系列工作任务。企业的战略计划（若有）由中心人员完成，该中心人员还负责所有重要的经营决策。这一结构类型的弹性较小并缺乏专业分工，其成功主要依赖于中心人员的个人能力。这种简单结构通常应用于小型企业。

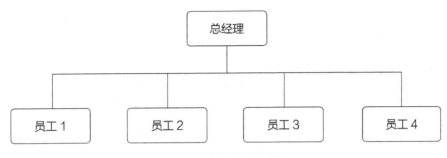

图3.2　创业型组织结构

从一定意义上说，简单结构几乎等同于缺乏结构，至少缺少正式意义上的组织结构。在这种结构中，几乎没有工作描述，并且每个人都要参与正在进行的任务。然而，随着企业的发展，所有管理职能都由一个人承担就变得相当困难，因此为了促进企业的发展，应将该结构朝着职能制组织结构进行调整。例如，一家书店在某地区内拥有数家分店，由创办人一人负责管理。每家分店的数名店员都由他聘用，帮忙打理日常店务。这属于简单的创业型组织结构。最近，创办人得到一名投资者的赏识，获得了资金，该投资者想利用创办人的品牌在全国开设 80 多家连锁书店。随着企业规模的扩大，更多复杂的流水线和一体化机制，使该连锁书店实现从简单结构到职能制／事业部制组织结构的转变。

（2）职能制组织结构

职能制组织结构被大多数人认为是组织结构的典型模式。这一模式表明结构向规范化和专门化又迈进了一步。随着企业经营规模和范围的不断扩大，企业需要将职权和责任分派给专门单元的管理者。这样，中心人物（首席执行官）的职责就变得更加细化。这反映了协调职能单元的需要，并且在这一结构下，企业更多地关注环境问题和战略问题。这是一个适用于单一业务企业的职能型结构，如图 3.3 所示。在这一结构下，不同的部门有不同的业务职能：营销部负责产品的营销和推广；生产部负责生产销售给客户的所有产品；财务部负责记录所有交易并控制所有与经费和财务相关的活动。理论上，各部门之间相互独立；但是在实务上，部门之间通常有一定的相互作用和影响。

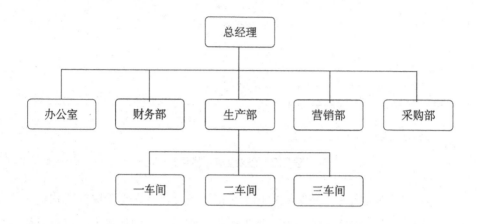

图 3.3　职能制组织结构

　　职能制组织结构能够通过集中单一部门内所有某一类型的活动来实现规模经济。比如，所有的销售和营销工作都通过销售和营销部门来执行。这一结构有利于培养职能专家，同时由于任务为常规和重复性任务，因而工作效率得到提高。在这一结构下，董事会便于通过职能制组织结构监控各个部门；但由于对战略重要性的流程进行了过度细分，在协调不同职能时可能出现问题。比如难以确定各项产品产生的盈亏，导致职能部门间发生冲突、各自为政，而不是出于企业整体利益进行相互合作等，以及等级层次和集权化的决策制定机制会放慢企业的反应速度。

　　（3）事业部制组织结构

　　当企业逐步发展至有多个产品线之后，或者由于市场迅速扩张，企业必须进行跨地区经营时，企业的协调活动就变得比较困难。在这一阶段，事业部制组织结构就应运而生。事业部制组织结构如图 3.4 所示。

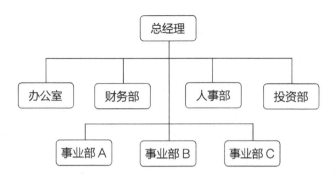

图3.4 事业部制组织结构

事业部制组织结构按照产品、服务、市场或地区定义出不同的事业部，将企业人员划分为不同的事业部。由于总经理的时间和精力都被过度挤占，对分权化和半自治的需求就被放大了。企业总部负责计划、协调和安排资源，事业部则承担运营和职能责任。随着复杂性程度的增加，通过多元化，事业部自身的战略规划责任会有所增加。在某些情况下，采用区域事业部结构比较适当，而在其他情况下，采用产品事业部结构效果更好。事业部制结构强化了这一点，即制定战略并不仅仅是高层管理者和领导者的任务，企业层、业务层和职能层的管理者都应在其各自的层级参与战略制定流程。

（4）M型企业组织结构（多部门结构）

通过增加产品线，企业会不断扩张，随着企业规模的扩大，上述结构将不再适用。在这一阶段，具有多个产品线的企业应采用M型企业组织结构。M型企业组织结构将企业划分成若干事业部，每一个事业部负责一个或多个产品线，如图3.5所示。这样，总经理就有更多的时间分析各个事业部的经营情况以及进行资源配置。

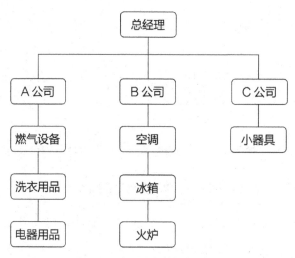

图 3.5 M 型企业组织结构

（5）战略业务单位组织结构

企业在成长到一定程度后，最终需要将相关产品线归类为事业部，然后将这些事业部归类为战略业务单位。战略业务单位组织结构尤其适用于规模较大的多元化经营的企业，如图 3.6 所示。采用这种结构的首要原因是这一结构降低了企业总部的控制跨度。采用这种结构后，企业层的管理者只需要控制少数几个战略业务单位而无须控制多个事业部。其次，由于不同的企业单元都向其上级领导报告其经营情况，因此控制幅度的降低也减少了总部需要处理的信息。这种结构使得具有类似使命的产品、市场或技术的事业部之间能够更好地协调，并且几乎无须在事业部之间分摊成本，因此企业易于监控每个战略业务单位的绩效。

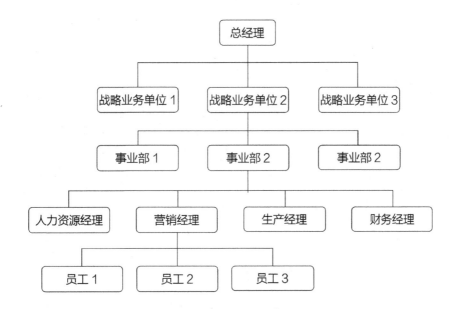

图3.6 战略业务单位组织结构

　　然而这种组织结构也存在缺陷，由于这种结构多了一个垂直管理层，因此总部与事业部和产品层的关系变得更疏远。同时，战略业务单位经理之间为了取得更多的资源会产生竞争和摩擦，而这些竞争会导致企业功能性失调并会对企业的总体绩效产生不利影响。

　　（6）矩阵制组织结构

　　矩阵制组织结构是为了处理非常复杂的项目中的控制问题而设计的，这种结构在职能和产品或项目之间起到了联系的作用，如图3.7所示。在这一结构下，员工有两个直接上级，其中一名上级负责产品或服务，而另一名负责职能活动。矩阵制组织结构是一种具有两个或多个命令通道的结构，包含两条预算权力线以及两个绩效和奖励来源。

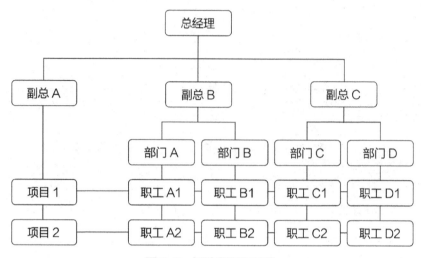

图 3.7 矩阵制组织结构

矩阵制组织结构的优点比较明显。第一，由于项目经理与项目的关系更紧密，因而项目经理能更直接地参与和产品相关的战略，从而激发其成功的动力。第二，相关人员能更加有效地优先考虑关键项目，加强对产品和市场的关注，从而避免职能制组织结构中对产品和市场的关注不足的问题。第三，产品主管和职能主管之间的联系更加直接，从而能够做出更有质量的决策。第四，实现了各个部门之间的协作以及各项技能和专门技术的相互交融。第五，双重权力使得企业具有多重定位，这样职能专家就不会只关注自身的业务。

同时，这种结构也存在缺点。第一，可能导致权力划分不清晰（比如谁来负责预算），并在职能工作和项目工作之间产生冲突。第二，双重权力容易使管理者之间产生冲突。如果采用这一结构，非常重要的一点就是确保上级的权力不相互重叠，并清晰地划分权力范围，下属必须知道其工作的各个方面应对哪个上级负责。第三，管理层可能难以接受这一结构，并且管理者可能会觉得另一名管理者将争夺其权力，从而产生危机感。第四，协调所有的产品和职能会增加时间成本和财务成本，从而导致制定决策的时间过长。

（7）H型结构（控股企业/控股集团组织结构）

当企业不断发展时，可能会实施多元化的战略，业务领域会涉及多个方面，甚至上升到全球化竞争层面上。这时企业就会成立控股企业，其下属子企业具有独立的法人资格。控股企业可以是对某家企业进行永久投资的企业，主要负责购买和出售业务。在极端形态下，控股企业实际上就是一家投资企业，或者控股企业只是拥有各种单独的、无联系的企业的股份，并对这些企业实施较小的控制或不实施控制。控股企业还可以是一家自身拥有自主经营的业务单位组合的企业。虽然这些业务单位组合属于母企业的一部分，但是它们都独立经营并可能保留原本的企业名称。母企业的作用仅限于做出购买或出售这些企业的决策，而很少参与它们的产品或市场战略的制定与实施。H型结构（控股企业/控股集团组织结构）如图3.8所示。

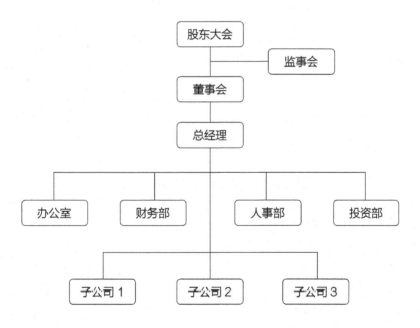

图 3.8　H型结构（控股企业/控股集团组织结构）

在这一组织结构中，中央企业的员工和服务可能非常有限。控股企业与其他企业类型相区别的一个关键特点就是其业务单元的自主性，尤其是业务单元对战略决策的自主性。企业无须负担高额的中央管理费，因为母企业的职员数量很可能非常少，而业务单元能够自负盈亏并从母企业取得较低的投资成本，并且在某些国家中，如果将这些企业看成一个整体，业务单元还能够获得一定的节税收益。控股企业可以将风险分散到多个企业中，但是有时也很容易撤销对个别企业的投资。

（8）国际化经营企业的组织结构

前面阐述了七种企业组织结构的基本类型，国际化经营企业的组织结构也包括在这七种类型之中，只不过范围扩展至国际市场甚至全球市场。国际化经营企业的组织结构如图3.9所示。

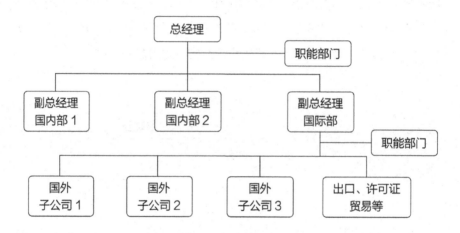

图 3.9　国际化经营企业的组织结构

企业战略与组织结构

组织结构的功能在于分工和协调，是保证战略实施的必要手段。通过组织结构，企业的目标和战略转化成一定的体系或制度，融入企业的日常生产经营活动中，发挥指导和协调的作用，以保证企业战略的实现。在探索战略与结构的关系方面，艾尔弗雷德·钱德勒（Chandler, A. D.）在其经典著作《战略和结构》中，首次提出组织结构服从战略的理论[1]。《战略和结构》一书给出了一系列有关杜邦公司、通用汽车公司、新泽西标准石油公司（后来成为埃克森公司），以及西尔斯公司的组织结构演化的案例研究[2]。钱德勒发现，各个企业在处理战略与结构的关系上有一个共同的特点，即在企业选择一种新的战略以后，管理人员在现行结构中拥有既得利益，或不了解经营管理问题以外的情况，或对改变结构的必要性缺乏认识，使得现行结构不能立即适应新的战略。直到行政管理出现问题，经济效益下降，企业才会将改变结构纳入议事日程。组织结构改变以后，保证了战略的实施，企业的获利能力也将大幅度提高。

通用电气公司的发展史证明了钱德勒论断的正确性。20 世纪 50 年代末期，通用电气公司实行的是简单的事业部制组织结构，但已开始实施多种经营战略。20 世纪 60 年代，通用电气公司的销售额大幅度提高，而行政管理工作跟不上，造成多种经营业务失控，影响了利润的增长。20 世纪 70年代初，通用电气公司重新设计组织结构，采用了战略业务单位组织结构，

---

① 刘畅.中资保险公司核心竞争力培育研究 [D].哈尔滨：东北林业大学,2005.
② 吴永春.中国农业银行内部审计体制研究 [D].杭州：浙江工业大学,2007.

使得行政管理滞后的问题得到了解决，妥善地控制了多种经营业务，利润也相应得到了提高。

组织结构与战略的关系

钱德勒的组织结构服从战略理论可以从以下两个方面展开。

1. 战略的前导性与结构的滞后性

战略与结构的关系基本上是受产业经济发展制约的。在不同的发展阶段中，企业应有不同的战略，企业的组织结构也相应进行调整。企业最先对经济发展做出反应的是战略，而不是组织结构，即在反应的过程中存在着战略的前导性和结构的滞后性现象。

①战略前导性——企业战略的变化快于组织结构的变化。这是因为企业一旦意识到外部环境和内部条件的变化提供了新的机会和需求时，首先会在战略上做出反应，以此谋求经济效益的增长。例如，经济的繁荣与萧条、技术革新的发展都会刺激企业增加或减少现有企业的产品或服务。当企业积累了大量的资源以后，企业也会据此提出新的发展战略。当然，一个新的战略需要有一个新的组织结构，至少应在一定程度上调整原来的组织结构。如果组织结构不做出相应的变化，新战略也不会使企业获得更大的效益。

②结构滞后性——企业组织结构的变化常常慢于战略的变化。在经济快速发展时期更是如此，但组织内部机构的职责在变革的过程中常常含糊不清。出现这种现象的原因有两种。一是新、旧结构交替需要一定的时间。新的战略制定以后，原有的结构还有一定的惯性，原有的管理人员仍习惯运用旧的职权和沟通渠道管理新、旧两种经营活动。二是管理人员的抵制。管理人员在感到组织结构的变化会威胁他们个人的地位、权利，特别是心理上的安全感时，往往会以运用行政管理的方式抵制需要做出的变革。

从战略的前导性与结构的滞后性可以看到，经济发展时，企业不可错过时机，要制定出与发展相适应的经营战略与发展战略。战略制定出来以后，要正确认识组织结构有一定反应滞后性的特性，不可操之过急。但是，结构反应滞后时间过长将会影响战实施的效果，企业应努力缩短结构反应滞后的时间，使结构配合战略的实施。

2. 企业发展阶段与结构

钱德勒提出的组织结构服从战略的理论是从对企业发展阶段与结构的关系的研究入手的。企业发展到一定阶段，其规模、产品和市场都发生了变化。这时，企业会采用合适的战略，并要求组织结构做出相应的反应。表 3.1 反映了企业发展阶段与组织结构的关系。

表 3.1　企业发展阶段与组织结构的关系

发展阶段	企业特点	组织结构类型
1	简单的小企业，只生产一种或者一个系列产品，面对独特的小型市场	从创业型组织结构到职能制组织结构
2	在较大或多样化市场上提供单一的或密切相关的产品与服务系列	从职能制组织结构到事业部制组织结构
3	在多样化的市场上扩展相关的产品系列	从事业部制组织结构到矩阵制组织结构
4	在大型的多元化产品市场上进行多种经营，提供不相关的产品与服务	从事业部制组织结构到战略业务单位组织结构

为了更好地解释在不同发展战略下企业的结构类型，总结如下。

（1）市场渗透战略

在产业处于发展阶段、外部环境竞争不激烈的条件下，企业着重发展单一产品，试图通过更强的营销手段获得更大的市场占有率。这时，企业采用简单的创业型组织结构。

（2）市场开发战略

随着产业进一步发展，在一个地区的生产或销售已不能满足企业的发展速度和需要时，企业会将产品或服务扩展到其他地区。为了协调这些产品和服务，达到标准化和专业化，企业应采用职能制组织结构。

（3）纵向一体化战略

在产业增长阶段后期，竞争更加激烈，为了减少竞争的压力，企业需要拥有一部分原材料的生产能力，或拥有销售产品的渠道。在这种情况下，企业应运用事业部制组织结构。

（4）多元化经营战略

在产业进入成熟期，企业为了避免投资或经营风险，会开发与企业原有产品不相关的新产品系列。这时企业应根据规模和市场的具体情况，分别采用矩阵制组织结构或经营业务单位组织结构。

组织结构服从战略理论同样被应用于那些参与国际竞争的企业。前面关于"国际化经营企业的组织结构"的阐述已经展示了这一点。随着在国内进行多元化经营的企业的规模日益壮大，它们开始向海外扩张，并创立了"国际部"来管理在国外的业务。

但这种结构在企业对国外的业务进行协调时逐渐变得无效，从而导致了企业按多国本土化战略的结构进行重组，即针对不同的国家设立各自独立的部门。随着多国企业的海外业务的进一步发展，它们面临着来自跨国协调的进一步压力和在国家内部进行专业化分工的问题，把全世界都看作企业利益市场的全球化战略应运而生。那些选择全球战略的企业，为了促进在全球的生产和分销活动中实现规模经济而进行了重组。近年来，多国企业发现，它们需要在对当地情况做出快速反应和为获得全球范围内的规模经济而要求的集中之间进行平衡。这就导致了跨国战略的产生，跨国战略正逐步与更加灵活的组织形式相联系，这种结构把矩阵结构和网络结构结合到了一起。

组织的战略类型

战略的一个重要特性就是适应性，它强调企业组织要运用已有的资源和可能占有的资源适应组织外部环境和内部条件的变化。这种适应是一种复杂的、动态的调整过程，要求企业在加强内部管理的同时，不断推出适应环境的有效组织结构。在选择的过程中，企业可以考虑以下四种类型。

1. 防御型战略组织

防御型战略组织主要是追求一种稳定的环境，试图通过解决开创性问题来保持稳定性。从防御型战略组织的角度来看，所谓开创性问题就是要创造一个稳定的经营领域，占领一部分产品市场，即生产有限的一组产品，占领整个潜在市场的一小部分。在这个有限的市场中，防御型战略组织常采用竞争性定价或提供高质量产品等方法来阻止竞争对手进入它们的领域，保持自己的稳定。这种狭小的产品与市场选定以后，防御型战略组织就要运用大量的资源解决自身的工程技术问题，尽可能有效地生产与销售产品或提供服务。

一般来说，该类组织要创造出一种具有高效率的核心技术。防御型战略组织要开辟的是一种可以预见的、经久不衰的市场，因此，提高技术效率是组织成功的关键。有的防御型战略组织通过纵向整合来提高技术效率，即将从原材料供应到最终产品的销售的整个过程合并到一个组织系统。在行政管理上，实施行政管理是为了保证组织严格地控制效率。为解决这一问题，防御型战略组织常常采取"机械式"结构机制。这种机制是由生产与成本控制专家形成的高层管理，注重成本和其他效率问题的集约式计划、广泛分工的职能结构、集中控制、正式沟通等。这些内容有利于企业保持高效率，最终形成明显的稳定性。防御型战略组织适合于较为稳定的产业，但是，该产业也有潜在的危险，因为它不可能依据市场环境做出重大的改变。

2. 开拓型战略组织

开拓型战略组织与防御型战略组织不同，它追求一种更为动态的环境，将其能力表现在探索和发现新产品和市场的机会上。在开拓型战略组织中，开创性问题是寻求和开发产品与市场机会。这就要求开拓型战略组织在寻求新机会的过程中必须具有一种从整体上把握环境变化的能力。

为了正确地服务于变化着的市场，开拓型战略组织要求它的技术和行政管理具有很大的灵活性。在工程技术问题上，开拓型战略组织不局限在现有的技术能力上，而是根据现在和将来的产品结构确定技术能力。因此，开拓型战略组织的全部工程技术问题就是解决如何避免长期陷于单一的技术问题，常常通过开发机械化程度很低和例外性的多种技术和标准技术来解决这一问题。在行政管理方面，开拓型战略组织奉行的基本原则是灵活性，即在大量分散的单位和目标之间调度和协调资源，不采取集中计划与控制全部生产的方式。为了实行总体的协调工作，这类组织的结构应采取"有机的"机制。这种机制是由市场、研究开发方面的专家组成的高层管理，注重产出结果的粗放式计划、分散式控制以及横向和纵向的沟通。开拓型战略组织在不断求变当中可以减少环境动荡带来的影响，但它要冒利润较低与资源分散的风险。在工程技术问题上，该类组织由于存在多种技术，很难发挥总体的效率。同样，在行政管理上有时也会出现不能有效地使用，甚至错误地使用组织的人力、物力和财力的问题。总之，开拓型战略组织缺乏效率性，很难获得最大利润。

3. 分析型战略组织

从以上的论述中可以看出，防御型战略组织与开拓型战略组织分别处于一个战略调整序列的两个极端。分析型战略组织则处于中间，可以说是开拓型战略组织与防御型战略组织的结合。这类组织总是对各种战略进行理智的选择，试图以最小的风险、最大的机会获得利润。分析型战略组织在定义开创性问题时，综合了上述两种组织的特点，即在寻求新的产品和市场机会的同时，保持传统的产品和市场。分析型战略组织解决开创性问题的方法也带有前两种组织的特点。这类组织只有在新市场被证明具有生命力时，才开始在该市场上活动。也就是说，分析型战略组织的市场转变是通过模仿开拓型战略组织已开发成功的产品或市场完成的。同时，该类组织又保留了防御型战略组织的特征，依靠一批相当稳定的产品和市场保证其收入的主要部分。因此，成功的分析型战略组织必须紧随领先的开拓型战略组织，同时又在自己稳定的产品和市场中保持良好的生产效率。

在工程技术问题上，分析型战略组织的两重性也表现得比较突出。这类组织需要在保持技术的灵活性与稳定性之间进行平衡。要达到这种平衡，该组织需要将生产活动分成两部分，形成一个双重的技术核心。分析型战略组织技术的稳定部分与防御型战略组织的技术极为类似。为了达到良好的成本效益，该类组织按职能组织起来，使技术达到高度的标准化、例行化和机械化。分析型战略组织技术的灵活部分，则类似于开拓型战略组织的工程技术问题。在实践中，分析型战略组织的双重技术核心主要是由具有一定权力的应用研究小组负责的。在新产品开发方面，这个小组可以找到解决现有技术能力问题的方法，不需要像开拓型战略组织那样花费大量的费用进行研究开发。在行政管理方面，分析型战略组织也带有防御型战略组织和开拓型战略组织的双重特点。一般来说，分析型战略组织在行政管理方面的主要任务是区分组织结构的各个方面，以适应既稳定又变动的经营业务，使两种经营业务达到平衡。这个问题可以由分析型战略组织的矩阵结构解决。这种矩阵结构在市场和生产的各职能部门之间制订集约式的计划，而在新产品应用研究小组和产品经理之间制订粗放式的计划。同时，矩阵结构在职能部门中实行集权控制机制，而对产品开发小组使用分权控制方法。分析型战略组织并不是完美无缺的，由于其经营业务具有两重性，该类组织不得不建立一个双重的技术中心，同时还要管理各种计划系统、控制系统和奖惩系统。这种稳定性与灵活性并存的状态，在一定程度上限制了组织的应变能力。如果分析型战略组织不能保持战略与结构关系的必要平衡，它最大的缺陷就是既无效能又无效率。

4. 反应型战略组织

上述三种类型的组织尽管各自的形式不同，但在适应外部环境上都具有主动、灵活的特点。从两个极端来看，防御型战略组织在其现有的经营范围内，不断追求更高的效率，而开拓型战略组织则不断探索环境的变化，寻求新的机会。随着时间的推移，这些组织对外部环境的反应会形成一定的稳定一致的模式。反应型战略组织在对其外部环境的反应上采取的是一种动荡不定的调整模式，缺少在变化的环境中随机应变的机制，它往往会对环境变化和不确定性做出不适当的反应，随后又会执行不力，对以后的经营行动犹豫不决。结果，反应型战略组织永远处于不稳定的状态。因此，反应型战略在战略中是一种下策，只有在上述三种战略都无法运用时，企业才可以考虑使用。

一个企业组织之所以成为反应型战略组织，主要有三个原因。

①决策层没有明文表达企业战略。

这是指企业中只有某个负责人掌握企业的战略。在其领导下时，企业会有很好的发展。一旦该负责人出于某种原因离开这个企业时，企业便会陷入一种战略空白的状态。此时，如果企业的各个业务单位都卓有成效，它们会为各自的特殊市场和产品利益发生争执。在这种争执的情况下，新选出来的负责人不可能提出一种统一的企业战略，也不可能形成果断一致的行动。

②管理层次中没有形成可适用于现有战略的组织结构。

在实践中，战略要与具体的经营决策、技术和行政管理决策统一起来。否则，战略只是一句空话，不能成为行动的指南。例如，企业考虑进一步发展某一经营领域，但被指定完成这一任务的事业部采用的是职能结构，该事业部又与其他事业部分享成批生产的技术。在这种情况下，该事业部很难对市场机会做出迅速反应。这个例子说明，这个企业的组织结构没有适应战略的要求。

③只注重保持现有的战略与结构的关系，忽视了外部环境条件的变化。

有的企业在某些市场取得了领先地位，逐渐地采用防御战略。为了降低成本、提高效率，该企业将生产经营业务削减成少数几类产品，并将经营业务整合。但是，当企业的市场饱和以后，大多数产品利润已经减少时，该企业如果还固守防御型战略和结构，不愿做出重大的调整，必然在经营上遭到失败。总之，企业所属行业如果不存在经营垄断或被高度操纵，就不应采取反应型战略组织。即使采取了这种战略组织，也要逐步地过渡到防御型、开拓型或分析型战略组织。

基本竞争战略与企业成本分析和控制模式

成本领先战略下的企业成本分析和控制模式

1. 成本领先战略下的企业成本分析

成本领先战略是指企业通过在内部加强成本控制，在研究开发、生产、销售、服务和广告等领域把成本降到最低限度，成为产业中的成本领先者的战略[①]。按照波特的思想，成本领先战略应该体现为产品相对于竞争对手而言的低价格。但是，成本领先战略并不意味着仅仅获得短期成本优势或者仅仅是削减成本，它是一个"可持续成本领先"的概念，即企业通过低成本来获得持久的竞争优势。

成本领先战略可以大致分为两个层次：一是低价低值战略，二是低价战略。低价低值途径看似没有吸引力，但有很多企业按这一途径经营得很成功。这时企业关注的是对价格非常敏感的细分市场，在这些细分市场中，虽然顾客认识到产品或服务的质量较低，但他们买不起或不愿买更好质量的商品。低价低值战略是一种很有生命力的战略，尤其是目标顾客为收入水平较低的消费群体的企业，很适合采用这种战略。低价低值战略可以看成一种集中成本领先战略。低价战略则是企业寻求成本领先战略时常用的典型途径，即在降低价格的同时，努力保持产品或服务的质量不变。

---

① 马晓虹 . 纺织外贸企业经营管理战略研究 [J]. 商场现代化 ,2008(11):68-69.

2. 成本领先战略下的企业成本控制

成本领先战略是指积极建立有效规模的生产设施，在经验基础上全力以赴降低成本，抓紧成本与费用的控制[①]，从而最大限度地减少各个价值链环节的成本费用，使企业的综合成本低于大多数竞争对手，从而成为行业的成本领先者。根据成本领先战略的内涵，决定成本领先战略实施效果的，首先是规模效益，当生产规模不断扩大时，单位产品摊分的固定成本就会随之不断降低，从而使企业获得因规模扩大而带来的经济效益；其次是经验效益，随着生产数量的增加，企业员工的生产与管理的技术以及经验水平也随之提高，生产效率将不断提升，单位时间内生产的合格产品会越来越多，从而降低单位产品的成本，为企业带来经济效益。

按照波特的思想，成本领先战略应该体现为相对于竞争对手而言的低价格，但这并不意味着仅仅获得短期成本优势或仅仅是削减成本，它是一个"可控成本领先"的概念。此战略成功的关键在于在满足顾客认为最重要的产品特征与服务的前提下，实现相对于竞争对手的可持续性成本优势。换言之，实施低成本战略的企业必须找出成本优势的持续性来源，形成防止竞争对手模仿优势的障碍，这种低成本优势才能长久[②]。

波特认为企业取得成本优势的来源因产业结构的不同而不同，它们可以包括追求规模经济、专利技术、原材料的优惠待遇和其他因素。成本领先者必须发现和开发所有成本优势的来源，从一切来源中获得绝对的成本优势，从而在行业竞争中取得竞争优势。而竞争优势可以分为两种，一种是在同质商品的生产上由低成本所带来的低价格竞争优势，另一种是由商品异质性所带来的竞争优势。商品同质基础上的价值相等使成本领先的企业得以将其成本优势直接转化为高于竞争对手的利润；商品异质上的价值近似意味着，为取得令人满意的市场占有率所必需的收益降低幅度还不至于冲销成本领先企业的成本优势，因此成本领先企业

[①] 刘梅 . 保利协鑫公司成本领先战略研究 [D]. 上海：华东理工大学 ,2013.
[②] 周松，王艳 . 赢在成本——微利时代的企业领先战略 [J]. 会计之友（上旬刊),2009(10):33−35.

能赚取高于平均水平的收益。

该战略的核心就是成本低于竞争对手，从而在竞争激烈的环境中获得更大的价格浮动空间，威胁竞争对手并保证自身获得利润，保护自己的竞争优势地位。不同于一般的企业成本管理，企业实施成本领先战略有其独特的特点，具体如下。

第一，其动机是企业在行业中赢得并保持竞争优势。一般企业的成本管理是管理企业内部生产经营耗用资源的一系列活动，是满足企业日常的基本管理。而从竞争的角度来看，成本问题始终是在战略选择、制定、实施过程中应该得到重点关注的问题，如何更好地获得成本优势和竞争优势是企业采取成本领先战略的动机。

第二，节约思想是成本领先战略的动力。节约可以在同等的资源条件下创造出更多的经济价值。在市场经济条件下，节约不仅是卖方所追求的，也是买方乐意接受的，买方所期望的是同等质量下产品价格最低。正是人们的这种追求，形成了成本领先战略的原动力。

第三，全员参与是成本领先战略的基础。成本不再是财务人员单独的考核指标，企业员工的素质、技能、主动性、成本管控能力等都会对成本产生重要影响。因此，降低成本必须全员参与，树立起全员的成本意识，调动全员在工作中时刻注意节约成本的主动性。

第四，强调综合成本最低。成本领先战略中的成本降低，不再是单纯的生产成本的降低，而是从整体上考虑，对经营活动的各个环节入手，即设计、采购、生产、销售以及售后服务各环节都要对成本进行控制，从而达到综合成本最低。

差异化战略下的企业成本分析和控制模式

1. 差异化战略下的企业成本分析

差异化战略具体是指企业想方设法把自己的产品做得有特色，使之跟市场上所有的产品都不一样而采用的一种战略。富有特色的产品的定价一般都比较高，而定价高的产品则不会有太大的需求量，因此，采取差异化战略的企业大多具有高毛利、低周转率的特点。所以差异化战略是一种通过牺牲效率来换取效益的战略，是与成本领先战略完全不同的战略。

差异化战略也可大致分为两个层次：一是高值战略，二是高价高值战略。高值战略是企业广泛使用的战略，即以相同或略高于竞争对手的价格向顾客提供高于竞争对手的顾客认可价值。高价高值战略则是以特别高的价格为顾客提供更高的认可价值。一些高档购物中心、宾馆、饭店等，就实施这种战略。这种战略在面对高收入消费者群体时很有效，因为产品或服务的价格本身也是消费者经济实力的象征。高价高值战略也可以看成一种集中差异化战略。

2. 差异化战略下的企业成本控制

成本控制指企业通过预先设立成本目标，并在日常经营中运用一系列的措施进行成本的控制及预防，从而达到控制生产经营活动的目的。成本控制存在于经济活动的全过程，包括生产运行前的研究设计过程、采购过程、运输过程中的成本支出，生产中的原材料、动力能源、低值易耗品、包装物等成本支出，提供销售的人力成本支出及售后服务的客户维护成本等。其中研究开发成本、采购成本会对企业经营产生长期的影响，可以说，产品的水平在这个阶段就已经初步确定[①]。

从广义的角度来看，成本控制包含事前预算、事中控制、事后评价三个阶段。事前预算主要指对生产经营活动中的各项要素设立预算指标，通过提前设立成本的最高限额来指导经济业务，减少资源的浪费；事中控制是指在生产经营过程中，运用科学的方法核算、监督发生的全部成本费用，有作业成本法、目标成本法、标准成本法等；事后评价是指将实际发生的成本费用与预算指标进行对比，结合企业实际情况分析偏差是否合理，找

---

① 陈吟雪. 基于竞争战略的 H 航空公司成本控制研究 [D]. 重庆：重庆理工大学 ,2019.

出产生偏差的原因并采取相应的措施，避免今后继续发生不必要的支出。企业通过事后评价可以寻找自身在成本控制上存在的漏洞及薄弱的控制点。

集中化战略下的企业成本分析和控制模式

1. 集中化战略下的企业成本分析

集中化战略是指企业的实力不足以在行业内进行更广泛的竞争，而选择行业内一种或一组细分市场的战略。它是一种有自我约束能力的战略，要求企业能够以更高的效率、更好的效果为某一狭窄的战略对象服务，并能够在该范围内超过竞争对手[1]。由于集中精力于局部市场，需要的投资较少，因此这一战略多为中小型企业所采用。此外，集中化战略一方面能满足某些消费者群体的特殊需要，具有与差异化战略相同的优势，另一方面因可以在较窄的领域里以较低的成本经营，又兼有与低成本战略相同的优势。

实施集中化战略，既能促进企业取得竞争优势，又能助力企业提高资源利用效率。在实施集中化战略时，企业往往需要进行行业聚焦、产品聚焦、区域聚焦、资金聚焦、概念聚焦、客户聚焦、品牌聚焦。在开展企业成本分析工作的过程中，需要识别并控制在聚焦行业选择、聚焦产品选择、聚焦区域选择等方面所发生的成本及费用。

2. 集中化战略下的企业成本控制

成本控制在企业发展战略中占据了相当重要的地位。对于市场中的同质产品来讲，在其他条件相差不大的前提下，成本低便是关键的取胜之道。控制成本可以直接减少劳动耗费和资源投入，具体说来就是人力、物力、财力的节约。节约资源消耗一方面可以降低构成最终产品的价值成本，另一方面可以避免过度消耗某一资源导致生产材料短缺而影响产量。

---

[1]　李朝霞. 浅析目标集聚战略对企业成本控制的影响——以麦德龙超市为例 [J]. 财政监督,2016(13):85-87.

　　集中化战略下的企业成本控制主要是对聚焦行业选择、聚焦产品选择、聚焦区域选择等方面所发生的成本及费用进行有效控制。在聚焦行业的过程中，避免同时涉及多个行业，减少彼此间的交流协调等成本；在聚焦产品的过程中，减少产品种类，增加产品销量，形成规模经济，增强企业的议价能力，减少不必要的成本支出；在聚焦区域的过程中，加强区域内宏观、微观分析，增强企业的核心竞争力，减少相关成本支出，取得较高收益。所以，集中化战略下的企业成本控制主要是对在开展集中化战略过程中识别出的成本进行必要的控制，提升企业的盈利空间，增强企业的核心竞争力。

4

传统制造企业成本分析与控制

扫码即可观看
本章微视频课程

传统制造企业急需转型：出现了什么问题

传统制造业一直是我国国民经济发展的支柱产业。改革开放以来，传统制造业取得了迅猛发展，在推动经济、社会发展以及科技进步方面做出了显著贡献。我国是世界制造业大国，在国际市场上具有重要地位。

然而，我国改革开放以来的快速发展，由于过度依赖规模扩张和投资驱动，在资源环境方面付出了惨痛的代价。2018 年，我国石油、天然气对外依存度分别达到 69.8% 和 45.3%，铁矿石对外依存度更是超过 80%[①]，环境的承载能力也已接近极限，水污染、大气污染、土壤污染严重。支撑传统制造业高速发展的人口红利也出现了拐点，低成本优势已经减弱，传统制造企业迫切需要转变原先的发展模式。

目前，我国传统制造业的发展问题主要包括以下几个方面。

①传统制造业大而不强。虽然目前在规模上我国制造业居世界第一，但仍表现出"大而不强"的特点，我国制造业长期处于价值链的中低端。首先，表现为我国传统制造企业缺乏核心技术，使得生产成本较高。我国传统制造业大多数核心部件仍需依赖进口，关键技术自给率较低，对外的技术依赖程度非常高，这就加大了传统制造业的生产成本，同时对技术的获取程度也受外国的牵制。其次，我国传统制造业的生产效率偏低，进而使得产品附加值较低[②]。长期以来我国传统制造业依靠劳动力低成本优势，获取了较大、较快发展，在国际市场上具有较强的竞争力。但是与发

---

① 数据来源：2019 年中国石油集团经济技术研究院编写的《2018 年国内外油气行业发展报告》。

② 燕玉 . 中国制造业为何"大而不强"，如何突围 [J]. 人民论坛 ,2017(10):82-83.

达工业国家的生产效率相比，具有很大的差距。与此同时，我国传统制造业低水平生产能力过剩，高水平生产能力又严重不足，大大降低了生产效率。

②传统制造业增速放缓。传统制造业作为国民经济的支柱产业，在工业发展中占据着重要的地位。作为我国工业的重要组成部分的传统制造业，近年来在经济新常态下，增长速度也开始放缓，出现下滑态势。

③劳动力成本上升。近几年来，随着我国逐渐进入人口老龄化阶段，劳动年龄的人口比例和规模出现下降，传统制造企业的人口红利也逐渐消失，劳动力成本快速上升，促使一些制造业开始向劳动力成本较低的东南亚国家转移。我国传统制造业的劳动力低成本优势也在逐渐消失。

④产业结构不合理。由于我国传统制造业普遍缺乏自主创新能力，前期为推进国民经济快速发展，传统制造业主要依靠低成本劳动力、资源优势以及资本投入等推动产业发展，造成了产业结构不合理，主要以发展劳动密集型产业和资本密集型产业为主，技术密集型产业则占比较少。

⑤我国部分传统制造企业还存在产能过剩的问题。出于多种原因，我国钢铁、电解铝、汽车、水泥等行业出现了产能过剩，致使企业库存积压，效益下滑甚至出现亏损，进而加剧了产业结构的失衡问题[①]。

● **知识拓展 4.1**

传统制造业基本内容及对经济发展的作用

传统制造业是一个相对概念，它是相对于高端技术产业而言的，是指机械工业时代利用能源、材料、设备、人力、资金、技术和信息等资源，依据市场需求，经过生产制造过程，转变为可使用的生活消

---

① 皮建才，宋大强.中国制造业体制性产能过剩的测度与比较 [J]. 中南财经政法大学学报,2021(05):135-143.

费品、工业产品、各种工具等的行业。

传统制造业在国内生产总值中占较大比重。制造业是拉动一国经济增长的发动机，制造业对一国经济的发展起到较好的推动作用，对国内生产总值的增长具有较大的贡献，在经济增长中扮演着重要角色。制造业在为劳动人员创造就业机会方面也具有非常重要的作用。

● 知识拓展 4.2

劳动密集型产业、资本密集型产业和技术密集型产业

劳动密集型产业是指生产主要依靠大量使用劳动力，而对技术和设备的依赖程度低的产业。其衡量标准是，在生产成本中相比设备折旧和研究开发支出，工资所占比重较大。劳动密集型产业是一个相对范畴，在不同的社会经济发展阶段中有不同的标准。一般来说，目前劳动密集型产业主要指农业、林业及纺织、服装、玩具、皮革、家具等制造业。随着技术进步和新工艺设备的应用，劳动密集型产业的技术、资本密集度也在提高，并逐步从劳动密集型产业中分化出去。

资本密集型产业又称资金密集型产业，是指在单位产品成本中，资本成本与劳动成本相比所占比重较大，每个劳动者所占用的固定资本和流动资本金额较高的产业。当前，资本密集型产业主要指钢铁业、一般电子与通信设备制造业、运输设备制造业、石油化工、重型机械工业、电力工业等。资本密集型工业主要分布于基础工业和重加工业，一般被看作是发展国民经济、实现工业化的重要基础。

技术密集型产业又称知识密集型产业，是指需要使用复杂、先进而又尖端的科学技术才能进行工作的生产部门和服务部门。它的技术密集程度，往往同各行业、部门或企业的机械化、自动化程度成正

比，而同各行业、部门或企业所用手工操作人数成反比。技术密集型产业中，设备、生产工艺建立在先进的科学技术基础上，对资源的消耗较低，科技人员在职工中所占比重较大，劳动生产率高，所生产的产品技术性能复杂，产品更新换代迅速。

如何选择适宜的竞争战略

随着制造业的不断发展，我国传统制造业所面临的困境越来越突出。制造业要想走出困境，必须进行转型升级，寻求新的出路。传统制造业要转变发展模式，寻找新的发展方式以缩小与发达国家在效率、质量、资源消耗、产业结构等方面的差距，从高速发展转向高质量发展。

在这种形势下，制造业转型的重点与任务为提高自身创新能力，加强核心技术的研发，同时大力推动制造业信息化与工业化的深度融合，着力发展智能装备与智能产品，推进生产过程的智能化，研发新型的生产方式，全面提升企业的研发、生产、管理和服务的智能化水平。坚持把发展经济着力点放在实体经济上，坚定不移建设制造强国、质量强国、网络强国、数字强国，推进产业基础高级化、产业链现代化，提高经济质量效益和核心竞争力。我国制造业应对国内外竞争环境变化带来挑战的关注重心，从经济发展速度转变为经济发展质量，将自主创新能力作为传统制造业转型升级的核心和关键因素，重塑传统制造企业的竞争优势。

每个行业可选择的竞争战略不尽相同。比如，作为传统制造企业的传统燃油汽车制造企业，需要通过改变生产技术、管理方式等来提升自身持续的竞争能力，从而获得持久的经济增长能力以及产品和服务的附加值的提高，在不断变化并且竞争激烈的市场中实现生存并发展。其中的翘楚 A 汽车公司，面对国内外竞争环境变化，结合自身的技术特点和资金状况，决定研发设计新型车型，对生产线逐步进行智能化改造，与此同时坚持加强对传统车型全过程的成本分析与控制，执行低成本竞争战略，保持市场竞争力。所以传统制造业转型升级是为了顺应时代和市场的发展需要，向着有利于经济、社会发展的方向发展。

● 知识拓展 4.3

工业 4.0 主要内容

一、工业革命的四个发展阶段

工业是人类社会进步的动力，一直以来人们都在探寻高效率的生产方式来满足生产者日益扩大的生产需求和消费者不断变强的消费能力。回顾世界工业的发展历史，可根据技术的突破将工业革命分为四个阶段。

1. 第一次工业革命（工业 1.0）

18 世纪初，蒸汽机诞生了，第一次工业革命的序幕正式拉开。此次革命实现了以蒸汽机为主要动力的机械化生产，代替了原本落后的手工劳动，推动了农业、手工业的发展。

2. 第二次工业革命（工业 2.0）

19 世纪末到 20 世纪初，消费者对产品的需求量不断增加，这需要生产者用更先进的生产技术来提高产品产量。电力驱动生产便由此诞生。电力驱动生产即由继电器、电气自动化控制机械设备生产且实行劳动分工来达到大规模批量化生产，创造出了零部件生产与产品组装分离的新型生产模式。

3. 第三次工业革命（工业 3.0）

从 20 世纪后半叶至今，社会在工业 2.0 的基础上，广泛运用电子和信息技术，大幅提高了生产过程中的自动化控制程度，从而使生产效率、产品质量、机械设备使用寿命都得到了提高。这次工业革命使机器逐渐代替一定程度的脑力劳动与体力劳动。

4. 第四次工业革命（工业 4.0）

现在，社会正逐步迈向工业 4.0 时代，即基于"信息物理系统"

（Cyber-Physical Systems，CPS）的智能化生产方式，其核心是通过虚拟网络与实体系统相结合，传统制造业利用物联网（Internet of Things，IoT）和大数据分析（Bigdata Analysis）进行智能化转型。

二、工业 4.0 的主要内容

工业 4.0 的概念最早由德国在 2011 年的汉诺威工业博览会上提出。2013 年，在德国工程院、西门子公司、弗劳恩霍夫协会等德国学术界和产业界的共同建议及推动下推出了"工业 4.0"项目。这个项目被德国政府在《高技术战略 2020》中确定为未来的十大项目，用来支持研发有关工业领域的创新型技术[①]。

工业 4.0 的概念之所以由德国首先提出，与德国的制造业发展状况、国内市场、全球经济发展态势等紧密相关。德国的制造业在全球一直处于领先地位，且由于其国内市场小，自身需求有限，一直以来其生产的产品主要用于出口。可近几年，随着以"金砖五国"为代表的新兴经济体已基本完成了工业化，而东南亚和非洲国家新一轮的经济增长引擎还没有完全开启，导致德国工业装备的产品需求停滞不前，这在一定程度上影响了德国经济的发展。因此，工业 4.0 之所以会首先诞生于德国，主要与德国发展制造业的以下两个目的有关。第一，增强本国制造业在国际上的竞争力，为德国制造业产品的出口开拓新市场；第二，以往，德国的制造业出口产品大多只是机械设备，相关的服务性收入占比较小，实施工业 4.0 改造，可以增加针对出口设备相关服务的出口，从而增强德国工业产品的持续盈利能力。

工业 4.0 是德国制造业进行转型升级的战略性举措，一经提出就得到了德国社会各界的强烈反响，其主要内容简单来讲可以概括为：一个核心、三项集成、四大主题[②]。

---

① 李金华．德国"工业 4.0"与"中国制造 2025"的比较及启示 [J].中国地质大学学报（社会科学版）,2015,15(05):71-79.
② 丁纯,李君扬．德国"工业 4.0"：内容、动因与前景及其启示 [J].德国研究,2014,29(04):49-66,126.

1. 一个核心

工业 4.0 的核心是构建信息物理系统。信息物理系统又被称为网络实体系统，于 2006 年由美国国家科学基金会提出，主要为通过网络虚拟端的数据分析、建模和控制对实体活动内容实现深度对称性管理，即通过对实体空间中的对象、环境、活动进行大数据的收集、储存、建模、分析、挖掘、评估、预测、优化、协同，并与对象的设计、测试和运行性能表征相结合，产生与实体空间深度融合、实时交互、互相耦合、互相更新的网络空间，进而通过自感知、自记忆、自认知、自决策、自重构和智能支持促进工业资产的全面智能化。即把人、机器、产品与数据相互连接，构建成信息物理系统。

信息物理系统建成后，它所包含的存储系统、智能机器及生产设备能够各自自主地交换信息、自发控制进行生产活动，传统的制造业通过这一系列信息化改造，能使生产过程中的每一步，如原材料的采购、机器设备管理、人力资源管理、供应链管理、销售等都建立起信息化连接。现在消费者购买的商品主要为制造企业批量生产，缺乏个性化，但现实生活中消费者的需求往往是具有多样性的，现今单一、大批量的生产方式已经渐渐难以满足消费者的需求。工业 4.0 时代，消费者可以根据自己的需要定制商品，而制造商即使只生产一件产品也有利可图。这主要是因为当生产过程中的每一步都建立起信息化连接且信息物理系统建成后，当消费者下单时，生产中的各个环节将会通过对相关数据的分析与预测来制定出一种最为有效的生产方式，用最短的时间、最少的资源来为客户生产出相应的产品，且这种生产方式还会大大减少制造商的商品库存，提高资金周转速度。

2. 三项集成

工业 4.0 的覆盖面非常广，不单单集中于制造环节，其全方位覆盖了制造业价值链的变革。因此工业 4.0 的实现，需要达成横向集成、纵向集成、端到端集成这三项集成。德国联邦教育及研究部在 2013 年 9 月发布的《把握德国制造业的未来 实施"工业 4.0"攻略的建议》中指出，工业 4.0 的目标是德国制造业市场，具有双重策略，分别为领先的供应商策略和主导市场策略，因此工业 4.0 中制造业的转型升级不仅要求企业自身加入工业 4.0 的改造中，使德国的装备供应商能够为制造企业提供在世界处于领先水平的技术解决方案，成为全球在工业 4.0 产品的研发、生产领域处于领先地位的企业，而且还要求不同地方的商务活动建立紧密的关系网络。企业与企业之间也需要加强交流合作，达到这种转型升级的三个关键特征为：通过价值链及网络实现企业间的横向集成，贯穿整个价值链的端到端工程数字化集成；灵活并且可重新组合的企业内部网络化制造体系纵向集成。

（1）横向集成

横向集成为企业之间的集成，这种集成主要通过价值链和信息网络来实现，是一种资源整合，企业间不再是彼此孤立的关系。横向集成的建立能够实现企业间的无缝合作，提供实时的产品和服务机制，使企业间能在产品研发、产品生产、售后服务等领域实现资源、信息的共享，使企业互相协同发展，共同促进市场的繁荣。

（2）端到端集成

端到端集成是指把产品生命周期的整个流程中的端点联通起来，避免形成信息孤岛。信息孤岛会使信息的传递、处理变得非常困难，影响信息的时效性、准确性。就企业来看，端点包括系统、设备、供应商、经销商、用户、产品使用过程等。把这些端点集成、联通起来，有利于企业实现在产品的研发、制造、配送、使用、售后等环节中都能通过及时获取的信息来对产品进行管理、维护，为用户提供最及时有效的服务。

（3）纵向集成

纵向集成主要着眼于企业内部的集成，解决信息网络和物理设备之间的联通问题，以便实现定制化生产。纵向集成包括三个层面。

第一个层面是客户的集成，用来实现现存系统的单点登录，实现信息、人员、任务的聚集，使企业内部能通过在线合作，给相应的员工下达相应的任务，并指导他完成工作，可通过客户来实现。第二个层面是流程的集成，以此实现跨越系统、跨越部门的业务合作，解决现在不同系统之间存在的信息之间难以聚集、统一的问题，可通过业务流程管理平台实现。第三个层面是数据集成，用来解决不同系统之间存在的数据交换困难的问题和设备产生的实施数据的采集问题，可通过企业服务总线实现。

3. 四大主题

智能化是工业 4.0 最大的特点，但这里的智能化不是只包括建立智能工厂，实现智能生产；工业 4.0 不局限于简单的生产领域，智能物流、智能服务的实现也是工业 4.0 的努力目标。因此，工业 4.0 的主题可概括为智能工厂、智能生产、智能物流、智能服务。

（1）智能工厂

智能工厂是工业 4.0 的关键特征，是实现工业 4.0 的基础。工厂通过智能化改造，如在设备上添加传感器、控制器，并把现有的生产系统信息化，建造网络化制造系统，可使工厂具有自我性，能自主管理生产过程中的复杂事物，制定最有效率的生产方案。现在的工厂，机器设备出现各种问题往往是难以预测的，工厂常常因为机器设备出现故障而停工，给工厂带来一定的无法避免的损失。在工业 4.0 时代，工厂将具有自我预测、自我诊断的功能，机器通过对历史数据的收集、存储、分析，把自己的零部件与同类机器相对比来预测，以此来了解机器设备的健康状况，及时进行维护，避免像从前一样出现不可预测的机器故障、老化等问题，给企业带来损失。这一目标可以通过智能预诊断工具和解析工具来实现。

（2）智能生产

与以往单一的批量生产方式不同，智能生产将着力于建立高度自由、灵活、个性的网络化生产方式。工业 4.0 时代，生产什么产品将不再由制造商自主决定，产品将可以自主控制自己的生产方式，个性化的定制产品将取代现今的缺乏特点的产品，消费者丰富多样的需求将得到满足。智能生产的实现依靠智能加工设备的投入、3D 打印等技术的实施，以及对整个工业生产过程进行监控，收集生产过程中产生的数据并进行分析，实现生产流程智能化。

（3）智能物流

工业 4.0 时代是便捷、迅速的智能时代，无论是生产过程还是产品的运输过程都需要高速、快捷，因此，智能物流便是工业 4.0 不可缺少的一部分。智能物流是借助互联网、物联网、企业内部网络，对物流资源进行整合，使物流服务提供方的效率能得到充分发挥，使厂商能以最短的时间得到相应的物流服务。智能物流的实现需要借助自动识别技术、数据挖掘技术、人工智能技术和 GIS 技术[①]。自动识别技术是通过运用识别装置，自动获得被识别物体的有关信息，把这些信息提供给后台处理系统来完成后面的数据加工处理，有助于海量数据的快速收集、输入。利用数据挖掘技术可以从大量的未经加工的数据中挖掘出对决策具有潜在价值的数据，为企业的决策提供依据。人工智能技术借鉴仿生学思想，研究各类能够模仿其他生物和人类智能的机器。而 GIS 则是智能物流的关键实现技术，借用 GIS 可以将订单信息、网点信息、送货信息、客户信息等建在一张图中，使这些相关数据都能在这张图中进行管理，实现智能化管理。

（4）智能服务

除了以上主题外，工业 4.0 时代制造业与传统制造业的最大不同充分体现在服务在整个产品供应链中所占的比重。传统制造厂商的侧重点均放在产品的生产上，精力均集中在为客户提供物美价廉的产品上，产品的服务往往仅包含远程人工在线回答和售后服务，

---

① 地理信息系统（Geographic Information System，GIS），是一种特定的十分重要的空间信息系统。

服务在产品供应链中所占比重较小。工业 4.0 时代的产品服务将不再是这些传统意义上的服务，可以用煎蛋模型来解释制造业未来的价值创造导向。在制造业中生产出来的产品如煎蛋模型中的蛋黄，每份煎蛋的蛋黄都差不多大，即产品之间的差异不大，如普通的计算机、电视机等，去掉商标将很难判断出产品是什么牌子的；而每份煎蛋的蛋白部分却大小不一。因此制造商要想获得更多的利益，除了提供相关的产品外，配套服务的差异才是制胜的关键。以苹果手机为例，手机就好比蛋黄，其相关的配套 App 所提供的服务就好比蛋白。一部 iPhone6S 的成本只有 234 美元（约合人民币 1 489 元），却能够以超过 700 美元（约合人民币 4 830 元）的价格出售，并且卖给客户后依然可通过卖 App 来持续赚钱，靠的就是"蛋白"即提供各种服务来赚钱。蛋黄即手机，虽然都是相同的，但蛋白却使 iPhone 满足了各种客户的不同需求，使客户能得到类似定制化的服务，甚至可以说，在客户手中很难找到两部完全一样的手机。因此，工业 4.0 时代的制造业将以发掘各种潜在的、以客户价值为导向的创新服务为主，使客户能在这一系列的服务中得到更好的购买体验与满足感。

● **知识拓展 4.4**

制造业实现工业 4.0 的技术支持

工业 4.0 的变革不是只包括产品的生产方式，而是涵盖了产品研发、生产、运输、人员管理等方方面面的内容，是制造业一次全方位、多角度的变革。为实现工业 4.0 相应的改造目标，德国工业 4.0 体系针对各个环节制定出了相应的目标和相应技术，如表 4.1 所示。

表 4.1　德国工业 4.0 体系的设计目标及相应技术

目标与技术	客户需要	商业流程	生产过程	产品	设备	人员	供应链
目标	定制化、可重构的生产线	动态快速响应	透明化	生产全流程的可追溯	相互连接、监控、自动化	高效配置	按需配给、接近零库存
技术	3D 打印、智能加工设备	ERP 系统	生产线监控、可视化	RFID、产品数据库	监控系统、PLC 控制、实时控制技术	人员追溯和通信系统	供应链管理系统

3D 打印是以数字模型文件为基础，运用各种可黏合材料，如金属、塑料等进行加工的一种快速成型技术。

ERP 系统是一种企业借助信息技术的系统化的管理方法，为企业的决策者提供了运行所做出的决策的管理平台。

射频识别（Radio Frequency Identification，RFID）借助无线信号来对特定目标进行识别，并读出该目标所包含的有关数据，是通信技术的一种。

可编程逻辑控制器（Programmable Logic Controller，PLC）是一种新型工业控制装置，由于引入了计算机技术、通信技术、自动控制技术等，借用可编程的存储器来控制机械设备的生产，使控制过程变得更具有柔性且使用方便。

针对以上技术，德国的制造企业从两个方面来发展，制定了"本土的智能化"与"连接的智能化"协同发展的战略。一方面在设备的智能化、通信技术、传感技术、信息与控制技术等领域加大研发力度，使德国的制造企业成为世界领先的智能设备供应商；另一方面，加快物联网与 CPS 的研发，实现智能设备的整合，并利用 CPS 平台技术实现设备、人和服务的连接。

抓"蛇"：从成本分析入手

　　制造业为经济社会提供了基本的物质基础，作为基础性企业，制造企业要想保持其发展动力，就必须在日常的工作中加强成本会计核算与管理。想要抓住发展这条灵活的"蛇"，制造企业就必须从成本分析入手，站在成本分析与控制的角度提升企业的利润空间。

　　知己知彼，百战不殆。我们先来了解一下制造企业成本会计核算的特点有哪些。与其他行业的成本会计核算相比，制造企业的成本会计核算有着其突出的特征，主要表现在成本会计核算的具体表现、方法与目标有所不同。

　　首先，在制造企业的成本会计核算中，主要为直接成本与间接成本的核算。人工、材料与设备设施费用等都属于直接成本，因此，制造企业的成本会计核算具有复杂性与多样性的特点。其次，与其他行业相比，制造企业的成本会计核算方法较多，可以采用分批法、作业成本法等。最后，制造企业的成本会计核算目标具有完善性，在成本会计核算与管理中，不仅要考虑制造企业的总体发展情况，还需要结合企业内部的各项管理措施，因此，制造企业的成本会计核算目标更具全面性。

　　在明确成本分析的重要性和成本会计核算的特点之后，我们再来看看制造企业的成本分析与控制中存在着哪些问题。

1. 成本会计分析与控制管理体系不完善

　　很多制造企业的成本会计核算工作，并未从企业的实际情况着手，这导致企业成本会计核算的计划性和可控性不足。同时还有很多制造企业在成本会计核算工作中，虽然制定了相应的考核制度，但是并未发挥其在成本会计核算方面的重要作用。成本会计管理中，计划、控制、核算与分析、考核是主要环节，分别实现了对成本会计的事前、事中与事后控制。其中：计划发挥了成本预算管理的作用；控制与核算发挥了成本控制作用，将企业的各种生产、运营损耗控制在合理的范围内；核算与分析属于事后控制，通过详细的分析为制造企业的生产经营决策提供可靠的依据；考核的作用则是考评各责任中心的业绩，促使各责任中心对所控制的成本承担责任，以此来控制和降低产品的生产成本。但是，很多制造企业并未制定完善的成本分析与控制管理体系，现有的体系并不符合企业的实际情况，难以保障制造企业的稳定运行。

2. 缺乏全过程的成本分析与控制

任何企业的成本分析与控制，都应该贯穿企业生产经营全过程。制造企业的生产经营主要为产品设计、制造、销售等环节，只有对这些环节实施严格的成本分析与控制，才能够在制造企业内部实现良好的成本控制。制造企业每个环节的成本会计核算都极为重要，很多制造企业过于关注产品制造环节的成本会计核算，而忽视了销售与设计环节，使得其成本分析与控制存在诸多漏洞。

3. 缺乏分工，责任制度未完全落实

制造企业的生产经营过程中，成本分析与控制工作往往存在着责任缺失、管理混乱等问题。参与企业的成本分析与控制工作的部门与人员相对来说比较多，如果想要取得良好的效果，制造企业在实际的工作中应当加强分工管理，对各个部门及其人员的会计核算工作进行详细的任务安排与责任划分，使得各个部门始终能够在实际的成本分析与控制工作中保持协调性，保障成本分析与控制目标的实现。

比如，A 汽车制造公司想要通过先进的成本分析与控制理论与方式，帮助相关管理人员做到良好的成本管理，保障企业经济利润的实现，就必须从成本分析入手来抓发展。

我们先对 A 汽车制造公司的业务流程和价值链进行分析。A 汽车制造公司的业务流程主要包括市场规划、产品研发、采购过程、生产过程以及产品交付等环节。质量是汽车制造企业的生命线，A 汽车制造公司在降低产品成本的过程中为了保障汽车产品质量，设计了一套全流程质量管控程序，用来对业务流程实施控制，保障产品的质量。

根据 A 汽车制造公司内外部价值链各环节在产品制造过程中所处的位置，可将其价值链用图 4.1 表述。

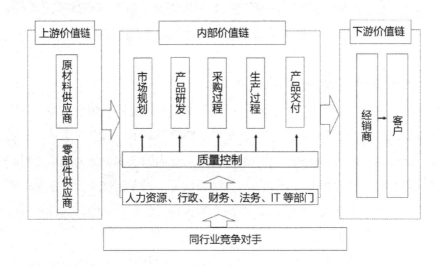

图 4.1　A 汽车制造公司价值链

从图 4.1 中可以发现，A 汽车制造公司的内部价值链体系主要由市场规划、产品研发、采购过程、生产过程以及产品交付等环节构成；同时，在内部价值链体系中，产品的质量管控环节贯穿 A 汽车制造公司的整个业务流程，对产品生产环节的质量进行控制。此外，价值链各环节价值的流动离不开人力资源、行政、财务、法务、IT 等后勤部门的配合与协助。在外部价值链体系中，A 汽车制造公司的上游价值链为 A 汽车制造公司提供原材料和零部件等服务，下游价值链为 A 汽车制造公司提供产品使用情况以及未来研发方向等服务，而同行业竞争对手能够为 A 汽车制造公司提供竞争对手的价值链运营现状。

　　A 汽车制造公司价值链成本主要由设计成本、制造成本和营销成本三部分构成，如表 4.2 所示。

表 4.2　A 汽车制造公司价值链成本构成

组成部分	一	二	三	四	五
设计成本	调研	策划	研发	产品试验	产品初制
制造成本	原材料、零件采购	人工成本	设备折旧	产品检验	环境保护
营销成本	品牌宣传	合作伙伴管理	促销活动	开拓市场	创造需求

　　对表 4.2 进行分析可以发现以下事项。

　　①在 A 汽车制造公司的设计成本中，研发环节成本和生产环节成本是其重要组成部分。

　　现阶段国际汽车市场竞争日益激烈，A 汽车制造公司应将研发成本作为成本控制的新突破点，将成本控制中心由生产环节转向研发环节。同时，A 汽车制造公司通过精简研发环节价值链，能够起到提高研发效率、增强研发成效、加快研发进程的作用，从而提升市场竞争力。生产环节由于受到产品生产设备的购买、产品生产基地的建设、人工成本上升等因素的影响，使得成本大幅上升。但是，随着经济全球化进程的加快以及人工成本的上升，价值链环节中生产环节创造的价值逐步减少，因此，A 汽车制造公司可以考虑将产品的生产环节外包或由机器代替人工生产产品。

　　②在 A 汽车制造公司的制造成本中，采购环节的成本所占比重较大。

　　采购环节的成本所占比重较大，主要是需要的原材料和零部件种类繁杂、数量较大，并且涉及的采购主体较多，导致原材料和零部件供应不及时、供应数量不足、供应质量不合理状况时有发生。因此，采购环节是非常值得关注和控制的一个环节。

　　③在 A 汽车制造公司的营销成本中，营销环节的品牌宣传、促销活动和外部价值链环节的合作伙伴管理占有十分重要的地位。

　　在营销环节，由于消费者在购买汽车产品时往往会综合考虑自身的经济能力、汽车产品的性价比等因素后再做决定，这要求汽车产品在市场上具有一定的知名度、信誉度以及合理的价格。因此，为增强市场竞争力，A汽车制造公司应加强销售环节的成本控制力度。在外部价值链环节，与上游价值链保持良好的合作关系有利于保障原材料及零部件供应的质量、价格、速度，满足A汽车制造公司产品的生产、销售需求。

虽然随着市场竞争的加剧，汽车产业价值链的价值分布已发生重大改变，汽车生产环节的价值迅速下降，但是对A汽车制造公司生产环节的成本进行测算分析发现，若产品前期策划和成本控制得当，其最终制造成本可以节约20%以上（包括材料费用和工装模具的减少）[①]。这主要是由于完善的前期策划一方面可以减少产品设计失误、缩短生产设备的使用时间，另一方面A汽车制造公司通过精益化战略思想消除生产过程中的成本浪费，不断提高产品质量，降低产品生产成本，提升了公司的市场竞争力。

A汽车制造公司在研发环节和采购环节的基础上，结合生产环节的相关知识，在制造工厂运用生产技术、生产设备进行原材料和零部件加工、生产制造以及整车装配，同时得到基础设施、人力资源管理、财务、后勤等辅助部门的支持，最终形成汽车产品。A汽车制造公司的制造过程如图4.2所示。

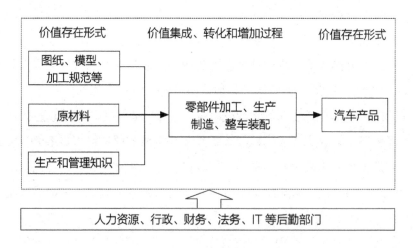

图4.2　A汽车制造公司的制造过程

---

① 胡建平. 新产品开发的前期策划和费用控制 [J]. 上海汽车,2001(10):1-4.

打蛇打七寸：基于战略选择控制成本

对传统制造企业进行成本分析，是抓"蛇"的第一步，接下来介绍最重要的一招——打蛇打七寸，也就是企业基于自身的战略选择对成本进行控制。

对应制造企业在成本分析与控制中存在的问题，有以下解决方案。

1. 建立完善的成本分析与控制体系

制造企业要彻底转变其成本管理模式，就必须在发展的过程中逐步构建完善的成本分析与控制体系，用制度来约束并指导实际的成本分析与控制工作。

首先，制造企业需从自身的实际情况着手，成立专门的成本会计核算部门或机构，使得在生产经营过程中，成本会计核算部门或机构能够与其他部门加强沟通，实现全方位、深层次的成本分析与控制。其次，制造企业要结合自身的实际情况，制定切实可行的成本分析与控制体系，应用精细化成本会计核算的理念，规范企业的成本分析与控制工作，实现企业资金的合理利用与管理。最后，制造企业在长期的发展过程中，需随时掌握企业各方面的生产经营信息，以便在企业的经营出现问题时，及时查找原因，并做出应对处理。

在制造企业成本分析与控制体系的制定与完善过程中，企业不仅要从企业发展现状着手，还需要考虑行业的发展趋势、企业已有的成本会计核算体系等，保障成本分析与控制体系具有现实的实施价值。

2. 加强全过程成本分析与控制

制造企业要加强成本会计核算的全过程管理，在企业生产经营的各个阶段都要推行成本分析与控制，保障成本分析与控制的精细化。

各个制造企业都需要不断进行流程再造与优化，保障产品设计、制造与销售等各个环节的工作能够顺利推进。制造企业的产品设计与制造是基础性的环节，而产品制造是以产品设计为参考的。在产品设计方案确定以后，原材料、人力等的投入与消耗也同时确定，因此，产品设计阶段的成本分析与控制对于整个成本管理有着巨大的影响。制造企业需从源头上开始，加强各个环节的成本会计核算。

在产品设计方面，设计人员需不断结合产品的功能需求，从技术可行性、经济合理性方面来实现设计优化，将产品设计成本控制在合理的范围内。在产品的制造阶段，生产部门需严格按照前期所确定的设计来组织生产，减少生产过程中不必要的成本支出，以实现生产阶段资源的合理配置。

3. 加强成本管理责任监督机制

在成本分析与控制管理工作中，制造企业需要严格落实成本管理责任监督机制。对制造企业的生产经营而言，在企业的发展过程中，参与企业设计、生产等环节的部门相对较多，这些不同的部门都在制造企业的发展中承担着不同的任务，不同部门之间的协作保证了制造企业的稳定运营。因此，为提高成本分析与控制的有效性，制造企业需严格划分相关部门、管理人员的管理任务，落实责任制度，实现成本会计核算的精细化管理。

制造企业要针对企业成本管理的目标，做好各个岗位的人员配置，落实分工明确、责任清晰的成本会计管理制度，避免在成本分析与控制出现问题时，不同部门之间存在相互推卸责任等情况；通过落实责任制度来调动相关人员参与成本会计核算工作的积极性，使得不同部门、各个岗位上的人员能够发挥其在成本分析与控制方面的作用，保障成本会计核算符合制造企业的发展目标与要求，提升企业的成本管理水平。制造企业要提升竞争力，优化成本管理是有效途径。制造企业要紧跟行业发展的趋势，加强成本分析与控制管理，提升利润水平。

随着汽车市场竞争越来越激烈，各汽车主机厂都开始把竞争力提升的焦点放在成本控制上。经过前面对 A 汽车制造公司业务流程和价值链的成本分析，A 汽车制造公司最终选择对主机厂白车身冲压件进行成本控制。然而白车身成本在设计阶段就确认了 95% 以上，一旦进入工装实物开发阶段，工艺上改进和影响的量将很小。所以 A 汽车制造公司决定采用同步工程[①]，在开发时就充分考虑冲压件整个生命周期内的工艺性、成本、质量等因素，重视冲压件的工艺审查和工艺规划，用最优的工艺方法及手段开发出满足产品要求的零件。

白车身成本构成

白车身成本主要包括冲压成本和焊接成本，其中包括 80% 的冲压成本和 20% 的焊接成本[②]。冲压成本分为工装分摊、材料费用和生产费用，材料费用的影响因素为材料规格和材料利用率，生产费用的影响因素为工序数量和生产吨位。焊接成本分为工装分摊和焊接费用，焊接费用的影响因素为焊点焊缝数量、生产辅材（胶、垫等）和标准件（螺母螺栓等）。冲压成本是影响白车身成本的关键因素，且其工艺方案冻结后成本就已经基本确定。

冲压领域白车身成本控制的手段

冲压同步工程是在产品开发过程中实施的同步一体化设计，主要目的是提前识别产品设计和工艺设计问题，降低产品变更成本和制造风险，减

---

① 同步工程（Concurrent Engineering, CE），又称并行工程，是集成、并行地设计产品的一种系统化方法。

② 刘迪祥，王双枝，黄顶社. 白车身冲压件成本控制思路与方法 [J]. 锻造与冲压, 2020, 489(16):51-54.

少产品开发成本和生产成本，改善产品品质，缩短开发周期。其工作贯穿产品开发全过程，按产品开发阶段不同，工作侧重点不同。在产品设计阶段，主要基于冲压成形性撰写产品冲压工艺可行性分析报告，反馈给产品研发部门。在冲压设计阶段，主要设计可行的冲压工艺，具体到多少工序及各工序的冲压方向及工作内容等。在工艺验证阶段，对工艺方案进行验证和优化，并进行相应评定、纠正及持续改进。

1. 冲压成本控制策划

冲压成本控制要进行提前策划并贯穿整个产品开发流程，从整车到分总成到零件，都可以参照同类历史车型现状，去除不合理因素后，设定一个参考值，然后结合 CAE[①] 分析，给出达标值和挑战值，与工装开发厂家合力一起达成成本目标。在"造型设计—产品设计—工艺设计—工艺验证"各个阶段都可进行目标策划，结果总结确认及改进措施实施，确保设计出最优的产品、选择最佳的工艺、控制最严的验证，将降成本工作在项目运行各阶段落到实处。同步总结和提炼各阶段优秀的方案和经验，并转化为各类设计指南，指导后续项目的开发。A 汽车制造公司各阶段成本控制措施及效果如表 4.3 所示。

表 4.3　A 汽车制造公司各阶段成本控制措施及效果

项目阶段	序号	措施		项目影响评估			贡献度	可实施性
		技术措施	管理措施	质量	成本	进度		
造型设计	1	造型审查		○	●		★★	★
	2		设定整车目标值		●		★★★	★★

---

① 计算机辅助工程（Computer Aided Engineering, CAE），是将工程的各个环节有机地组织起来，应用计算机技术、现代管理技术、信息科学技术等科学技术的成功结合，实现全过程的科学化、信息化管理，以取得良好的经济效益和优良的工程质量。

续表

项目阶段	序号	措施		项目影响评估			贡献度	可实施性
		技术措施	管理措施	质量	成本	进度		
产品设计	1	产品设计优化		○			★★★	★★
	2	拆分件		○			★★★	★★
	3	材质、料厚合理化建议		○			★	★
	4		分解整车目标到分总成		●		★★★	★★★
	5		初版材料利用率统计				★	★★★
	6		目标值与实际值对比		●		★★	★★★
工艺设计	1	工艺选择		○			★★★	★★
	2	左右合模			●		★★	★★★
	3	工艺补充优化			●		★★	★★★
	4	落料模排样			●		★★★	★★
	5	套件工艺		○	●		★★★	★
	6	激光拼焊板应用			●		★	★
	7	废料再利用		○	●		★	★
	8		会签前确认是否达标		●	○	★★★	★★★
工艺验证	1	模具验收现场确认			●	○	★★★	★★★
	2	模具进场调试达标			●	○	★★★	★★★
	3		材料利用率达标验证		●		★★★	★★★
	4		分阶段进行考核		●		★★★	★★★

注：○●★无特殊含义，其作用仅为方便识别。

2. 效率优化——提高整车材料利用率

材料利用率直接关系到白车身成本，A汽车制造公司通过提高整车材料利用率，完成效率优化，实现生产成本降低。

以某车型为例，整车材料利用率每提高1个百分点，便可节约板料约12.32千克，按照板料市场参考价6元/千克计算，白车身节约成本12.32×6=73.92（元）。

提高材料利用率在造型设计、产品设计、工艺设计及试制阶段均可开展。A汽车制造公司某款轿车在设计阶段通过产品边界优化、拆分件、合件等手段提高材料利用率。产品边界优化的三种方式分别能提高1.5%、8.9%和4.8%的材料利用率，拆分件的两种方式均能提高18.5%的材料利用率，合件的两种方式分别能提高10%和20%的材料利用率[①]。某款轿车在设计阶段通过相应方法提高材料利用率的效果分别如表4.4至表4.6所示。

表4.4 某款轿车在设计阶段通过产品边界优化提高材料利用率的效果

产品边界优化的方式	提高的材料利用率
方式一	1.5%
方式二	8.9%
方式三	4.8%

表4.5 某款轿车在设计阶段通过拆分件提高材料利用率的效果

拆分件的方式	提高的材料利用率
方式一	18.5%
方式二	18.5%

---

① 刘迪祥,王双枝,黄顶社.白车身冲压件成本控制思路与方法[J].锻造与冲压,2020,489(16):51—54.

表 4.6 某款轿车在设计阶段通过合件提高材料利用率的效果

合件的方式	提高的材料利用率
方式一	10%
方式二	20%

在工艺设计阶段，通过优化工艺补充，优化排样、摆剪、开发侧出料落料模具，合模、激光拼焊、零件嵌套套冲、废料利用等工艺手段多途径、多维度提高整车材料利用率，整车材料利用率从最初规划的 55.07%，到方案冻结时提高至 58.17%，挑战目标达成。在该阶段，A 汽车制造公司通过多种手段提高材料利用率，如表 4.7 所示。激光拼焊板可使材料利用率提高16.2%，套件成形减少 0.8kg，废料再利用减少 0.24kg；落料排样的三种方式可分别使材料利用率提高 7.8%、8.3% 和 8.7%；工艺选择可使材料利用率提高 8.5%；拼接的两种方式可分别使材料利用率提高 8.5% 和 7.1%；工艺模面设计可使材料利用率提高 2.4%；合模工艺可使材料利用率提高 7.5%。

表 4.7 工艺设计阶段提高的材料利用率

工艺设计技术	提高材料利用率
激光拼焊板	16.2%
落料排样方式一	7.8%
落料排样方式二	8.3%
落料排样方式三	8.7%
工艺选择	8.5%
拼接方式一	8.5%
拼接方式二	7.1%
工艺模面设计	2.4%
合模工艺	7.5%

在工艺验证阶段，通过实物缩减料片尺寸等手段，整车材料利用率进一步提高，无天窗版的整车材料利用率提高 59.14%，小天窗版的整车材料利用率提高 58.59%，全景天窗版的整车材料利用率提高 58.29%，如表 4.8 所示。

表4.8　通过实物缩减料片尺寸提高整车材料利用率

缩减料片尺寸的方式	整车材料利用率
无天窗版	59.14%
小天窗版	58.59%
全景天窗版	58.29%

3. 效率优化——降低冲压件成形吨位与工序数

冲压件的生产费用与压力机吨位选择和工序数存在直接关系。在设计冲压模具工艺时，选择的机床吨位越大、生产工序数越多，生产费用就越高。合理选择和优化冲压设备型号及减少工序数均可降低生产成本。A汽车制造公司通过降低冲压件成形吨位与工序数，完成效率优化，实现生产成本降低。

A汽车制造公司冲压件机床设计吨位一般用CAE理论吨位乘经验系数，同时，参考历史车型选择成形吨位。降低成形吨位常用方式：放大成形部位成形R角[①]，修冲类模具使用波浪刀口，提升模具研合及非关键面避空，现场吨位实物验证及优化。降低冲压件形成吨位能够有效降低生产成本。

整车工序比（模具数量/零件数）一定程度上可体现整车生产成本，一般整车控制在2.4（工序比）以内。在设计阶段通过优化零件减少模具复杂程度；采用多腔模具，左右合模、共模、套模等方式均可优化零件工序比。也可通过减少工序数，提高效率，降低生产成本。

优化工序比可以从四方面着手，即数模优化（如：调整翻边顺序、同类零件对比取消冲孔）、多腔模设计（如：四腔拉延模[②]、多腔修冲模[③]）、左右合模（如：左右合、二合一、四合一）、套件生产（如：一套二、一套四），如图4.3所示。

---

① 车削刀具由于工艺、刀具强度或其他要求，往往不是一个点，而是一段圆弧，这段圆弧就被称为R角。
② 拉延模就是把平板坯料拉伸成具有一定形状的空心零件。
③ 修冲模全称为修边冲孔模，是指把拉延补充部分去掉的冲压工艺。

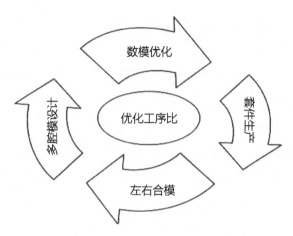

图 4.3　优化工序比的四方面

4. 效益优化——减少工装开发成本

冲件模具开发费用是占比最大的研发投入，约占研发费用的一半以上，而铸造模开发费用又占到所有模具开发费用的 80%。A 汽车制造公司通过减少工装开发成本，优化效益，保证生产成本降低。

对于预期产量不大的车型，非关键铸造模件可采用半工装方案，仅开发成形类模具，修冲类模具使用激光切割的方案，待车型上量，再开发修冲类工装。

对于确定不开发全工装的车型，零件一次成形可以不考虑修冲角度，能进一步减少翻整类模具的开发，半工装方案一般可节省 35% ~ 70% 的工装费用，但激光切割生产费用会相应增加。

A 汽车制造公司半工装方案的盈亏平衡点约为 10 000 台。生命周期超过 10 000 台但又非主销的车型，可通过降低设计标准，如减少模板厚度、降低镶块材质和标准件要求、开发简易模具等，减少工装开发成本，即减少工装分摊和冲压件成本。简易工装方案包括简易翻边模具、修边冲孔激光切割和零件一次成形。

5. 规模经济优化——零件选材优化

零件选材优化也是技术降本的方案之一，在设计阶段要加强车体BOM[①]材质审查，尽量减少使用特殊规格的板料，便于集中规模采购及议价，发挥规模经济优势，有效降低生产成本。

此外，同规格料片中，一般1.5mm料厚板料最便宜，锌铁合金板B340LAD相较其他材质更便宜。汽车用板材常规料厚范围为原料经过处理形成厚板，厚板经过热轧形成热轧板（中厚板，7~8mm），热轧板经过酸洗形成酸洗板（中板，3~5mm），酸洗板经过冷轧、连续退火形成冷轧卷（薄板，小于2mm），冷轧卷经过镀锌形成镀锌卷（薄板，小于1.8mm），如图4.4所示。

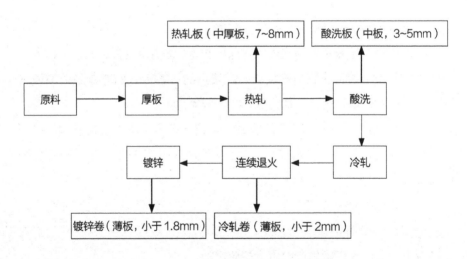

图4.4 汽车零件选材优化过程

可根据市场价格信息，在不影响整车性能以及零件成形性的前提下，对冲压件材质进行优化，同时可加强新材料、新技术的应用。激光拼焊板、

----

① 物料清单（Bill of Material，BOM），利用计算机辅助企业生产管理，首先要使计算机能够读出企业所制造的产品的构成和所有涉及的物料，为了便于计算机识别，必须把用图示表达的产品结构转化成某种数据格式，这种以数据格式来描述产品结构的文件就是物料清单，即BOM。

热成形件较成熟，铝合金、充液胀形零件正逐步被研究和应用，新技术的应用不仅能提升白车身的强度，也能有效降低技术成本。

总结起来，A 汽车制造公司的成本控制路径离不开以下三个方面。

①构建以价值链分析为核心的全面成本管理体系。A 汽车制造公司成本分析与控制体系以价值链分析为核心，立足于长远的战略目标，致力于培养企业核心竞争力。价值链不是独立活动的汇集，而是相互依存、相互联系的活动构成的一个系统，包括从产品设计、原材料采购到产成品的配送及服务的全部步骤，每个活动都有可能对最终产品产生增值，所有的成本都能够分摊到每一项价值活动中。

②实行成本循环分析与控制。企业突破传统成本分析与控制方法、确定合理成本的关键是把握生产之前的开发设计阶段，着眼于成本的事前分析与控制，同时统筹生产阶段的事中控制和事后的综合分析和考核，真正做到成本的循环分析与控制。

事中材料成本控制是指在从新车型投产直至产品结束的生产阶段，通过标准成本法对批量生产的各类车型按月进行成本核算，对比本月及上月的标准成本进行差异分析，对管理层关注的材料成本变动进行持续跟踪，以及对材料成本变化会影响的各部门进行业绩考核。事中材料成本控制主要通过建立全面有效的信息系统，以人机结合的方式，及时有效地对当月发生的成本变动进行反应。

事后材料成本控制是指新产品批量生产状态下的综合分析和考核。根据成本核算提供的每月标准材料成本，对新产品今后一至五年的发展趋势进行预算、预测，随时反馈各种成本差异信息，以利于及时采取措施做好成本分析与控制工作[1]。事后材料成本控制不仅是对新车型的实际成本进行控制，更是为新车型的相关后继车型的事前控制提供一个成本循环控制的重要基础。

---

① 陈晓东 . 目标成本法在华域汽车成本控制体系中的应用[J]. 财务与会计 ,2017(06):46-48.

③全员参与成本管理，保证目标成本的实现。为保证整车材料目标成本的实现，A 汽车制造公司充分发挥各部门作用，共同研究制定各种可行方法，使目标成本达到预估值。全员参与的成本管理，使成本管理的参与者不仅包括生产线上的生产工人，也包括技术部门、采购部门的人员和顾客等，他们在新产品目标成本确定和日常成本削减中起着重要作用。

提升技术水平是进行成本管理的有力途径。汽车生产制造中所需的工艺技术复杂多样，最初国内供应商主要通过进口获得某些高端工艺技术，以致供货单价较高。为降低进口工艺成本，A 汽车制造公司专业部门积极发挥自身优势，与供应商联合攻克技术难题，着力实现复杂工艺技术的国产化，此举有效降低了单件材料成本。

● **知识拓展 4.5**

同步工程

同步工程又称并行工程，是集成、并行地设计产品的一种系统化方法。目前，国内各自主品牌企业均已了解并应用这种方法。同步工程的实质是在整车产品的开发设计阶段，就要求设计、工艺、质量、市场等相关部门并行工作，实现整车的同步开发，以在前期设计阶段发现整车产品可能存在的问题，并辅以方案解决，避免在后期生产、销售等阶段造成更大的资源损失及浪费。同步工程是对产品及相关过程进行同步化的一种工作模式。

同步工程旨在提高产品开发质量，加快产品开发进度，降低生产制造成本，与传统的串行开发模式相比，具有以下优势。

①加快整车产品开发进度。同步工程这一工作模式，要求设计、工艺、质量等部门协同工作，使车间布置方案得以提前规划，设备提前安装，避免后期整改延期，可使整车开发进度提速30%以上。

②保证整车质量。质量部门提前介入产品开发工作，使整车质

量匹配、零件的完整性得以保证，同时质量部门可以将整车质量目标要求提前传达给供应商，要求供应商在产品设计阶段尽量满足整车质量目标，减少了后期设置变量数目。

③降低生产制造成本。同步工程这一工作模式，可以使产品、工艺、质量等问题在设计阶段就尽可能暴露，并提前辅以解决措施，避免后期因设计问题带来的模具、夹具、检具及生产线等不能适用，发生设计变更，产生较多整改费用。保证设计和生产制造的一致性，可以使费用有效降低 30% ~ 50%。

第 5 章

高端制造企业成本分析与控制

我国为什么要发展高端制造业

　　我国发展高端制造业，以几个重点的行业为主，由国家出面，组建大协作基础研究班子，统筹全局，避免力量分散以求突破。比如大型飞机的制造技术，就由国家出面组建国家公司，吸引不同人才、不同体制的科研力量加入，以大协作的方式共同推进发展。高端制造业是与低端制造业相对应的说法，是工业化发展到高级阶段的产物，是具有高技术含量和高附加值的产业。低端制造业是工业化初期的产物，而高端制造业则是工业化后期和后工业化的产物。高端制造业的显著特征是高技术、高附加值、低污染、低排放，具有较强的竞争优势。

　　传统制造业依靠的是传统工艺，技术水平不高，劳动效率不高，劳动强度大，大多属于劳动密集型和资本密集型产业；高端制造业依靠的是高新技术和高端装备的竞争优势，容易取代传统制造业。传统制造业与高端制造业最大的差距在于科技实力，高端制造业对传统制造业予以改造和提升，是制造业发展的必然结果。

　　高端制造业的特点主要有：①高技术含量，高端制造业采用了比较先进的技术；②高资本投入，高端制造业的核心技术往往研发难度大、工艺复杂，攻克这些核心技术必须支付高额研发费用；③高产品附加值，高端制造企业的产品中体现了研发成果、先进生产设备、产品品牌等多方面的价值；④高信息密集度，高端制造企业要在竞争中取得优势，必须掌握研发、市场、产业政策、竞争对手策略等各方面的信息；⑤高控制力，高端制造企业在产业链中处于控制节点位置，具有一定的垄断特性，能够影响其他企业的行为；⑥强带动力，高端制造企业拥有先进的技术设备和较强的创新能力，对上下游企业具有辐射和技术溢出效应，从而对整个产业链的技术创新和竞争力提升都具有较强的带动作用。

然而我国高端制造业目前存在着诸多不足，想要实现顺利发展，必须深入识别以下问题。

1. 大而不强

我国虽然已经成为世界制造业第一大国，但大而不强的问题仍然突出。随着工业化快速推进，我国制造业规模不断扩大，已经成为名副其实的世界工厂和世界制造业第一大国。在充分认识改革开放 40 多年来我国制造业发展取得巨大成就的同时，也必须看到，尽管我国是世界制造大国，但从制造业增值率、劳动生产率、创新能力、拥有的核心技术、关键零部件生产、高端产业占比、产品质量和著名品牌等方面衡量，我国制造业大而不强、发展质量不够高的问题十分突出，建设制造强国和发展先进制造业还有很长一段路要走。我国制造业存在产业结构不平衡、高级化程度不够，以及低端无效供给过剩与高端有效供给不足并存等问题。从具体制造业产品看，大部分产品的功能性常规参数能够基本满足要求，但功能档次、可靠性、质量稳定性和使用效率等方面还有待提高，高品质、个性化、高复杂性、高附加值产品的供给能力不足，高端品牌培育不够。

2. 高端装备制造业对人才培养和储备不够重视

产业迈向中高端，人才是核心支撑。其中四类人才尤为重要。第一类是具有全球视野和创新思维的企业家。第二类是具有科学、技术、工程和数学背景的科技人才，他们是产业技术创新的主体。第三类是掌握精密制造工艺技术的工匠人才。第四类是拥有多学科知识的复合型人才。目前，我国四类人才供给都明显不足，对推动我国产业迈向中高端形成了重大制约。如在高度依赖进口的集成电路领域，尽管我国工程专业大学毕业生每年近 50 万人，但国内芯片设计企业仍不得不从其他国家聘用大量专业技术人才[①]。另外，从历史的角度看，人才与科技基础、文化传统、工业及经济水平等基本因素密不可分。同时由于创新思路、批判思维和动手能力的训练不足或缺乏科学培养方法，所以突破型的、原创型的人才匮乏。

3. 创新主体分散，无法形成创新合力

改革开放以来，我国产业技术进步主要依靠引进发达国家技术来实现，即使有创新，大都属于引进模仿再创新，这导致我国产业技术创新能力整体较低。从创新链看，我国创新活动长期以来主要围绕提高加工组装质量和效率展开，尚处于全球创新链外围。国家知识产权局统计数据显示，我国 2017 年全年发明专利申请量达到 138.2 万件，连续 7 年居世界第一，但专利实施率仅为 10% 左右，与美国、日本等发达国家 80% 的科技成果转化率差距甚远[②]。这表明我国企业"短平快"式技术创新多，而原创性、颠覆性技术创新少。究其原因，一是以出口为导向的传统代工发展模式使大多制造企业无须投资于研发设计和品牌建设也能获取稳定的利润，因而导致企业在实践中积累的研发设计能力不足。二是过去创新政策对企业消化吸收再创新的支持和引导不够，使企业设计与设备制造能力未能同步提高，致使我国企业长期陷入"引进—落后—再引进—再落后"的恶性循环。三是对知识产权保护不够，导致"侵权易、维权难"，影响了企业创新的积极性。四是很多企业陷入创新主体分散以及联盟创新动力不足的困境，使缺少共享资源成为其关键问题。在技术创新中，积累技术研发数据非常重要，这些数据不仅是技术研发的经验积累，更是突破式创新的基础。研发人员可以借助高质量的数据库，很快做出新产品方案。在跨国企业中，研发人员近一半的时间在建立研发数据库，而我国企业的这一数值还未达到其平均值。同时由于缺少信息开放与资源共享机制，我国企业普遍欠缺研

————————

①　林火灿.促进产业迈向全球价值链中高端 [N].经济日报,2017-11-08(09).

②　栾锡武,石艳锋,蒋陶.我国科技成果转化及其存在的问题研究 [J].价值工程,2019,38(25):290-292.

发积累和技术资源共享的经验，导致技术研发资源重复建设问题十分严重。

总体来看，我国优秀制造企业数量不够多，特别是缺少世界一流企业。从世界品牌实验室公布的 2020 年"世界品牌 500 强"名单来看，我国入选品牌仅有 43 个，占 8.6%[1]。在品牌咨询公司英图博略（Interbrand）发布的 2021 年度"全球最具价值 100 大品牌"排行榜中，仅有华为一家中国品牌入围。可见我国在许多高端应用领域还受制于人。比如，我国的航空、航天、火箭、卫星等近些年来很发达，但是汽车、轮船、飞机高端领域的发动机，80% 以上依靠国外进口[2]，国产民用发动机虽通过多年努力提升取得了一些进步，但与国外相比仍存有差距。高档数控机床重要零部件国产化率较低，国产数控机床目前以中低端产品为主，高端的重要零部件仍然依靠进口。

● **知识拓展 5.1**

什么是高端制造业？

2003 年 OECD[3] 对高端制造业的定义基于《国际标准产业分类》标准，通过 R&D[4] 经费与投入数据，并结合产业的技术强度高低等指标，制定了一个最新的技术分类标准，将高端制造业做了以下定义：第一，创新水平高，研发能力强；第二，具有技术密集型和知识密集

---

① 本刊讯.世界品牌实验室发布 2020 年世界品牌 500 强 [J]. 中华商标,2020(12):59.
② 许会斌.高端制造业的发展趋势及金融支持思路 [J]. 银行家,2019(11):30-33.
③ 经济合作与发展组织（Organization for Economic Cooperation and Development, OECD）又称"经合组织"，是由 30 个市场经济国家组成的政府间国际经济组织，旨在共同应对全球化带来的经济、社会和政府治理等方面的挑战，并把握全球化带来的机遇。
④ 研发（Research & Development, R&D）即研究开发、研究与开发、研究发展，是指各种研究机构、企业为获得科学技术（不包括人文、社会科学）新知识，创造性运用科学技术新知识，或实质性改进技术、产品和服务而持续进行的具有明确目标的系统活动。R&D 一般指产品、科技的研究和开发。

型等特点，对人才知识水平要求高；第三，有吸引资本投资的潜力，能带动其他部门进步，在国际贸易中扩张十分强劲。OECD 将高端制造领域划分为飞机和航天器、电子通信、制药 、计算机办公设备 、医疗器械五大行业，基本涵盖了中国高端制造业的研究领域。从上述覆盖的这些领域可以看到高端制造业通常具有"五高二强"等特点，具体是高资本投入、高技术含量、高知识与信息密集度、高附加值、高产业控制力和强竞争力、强带动力等特点。我国的高端制造业是由装备制造业引申出来的。2017 年，我国高端装备销售产值超过 10 万亿元，其中航空航天装备、海洋工程装备、高铁装备、智能制造业装备与基础制造装备产值贡献度较大，正在步入加速释放成长潜能的阶段。高端制造业是一个国家和民族核心竞争力的重要体现，代表着现代产业的发展趋势，且位于价值链的高端环节，是最具发展潜力的行业之一。高端制造业与传统制造业的主要区别如下。高端制造业领域拥有很多高水平的知识密集型人才，拥有先进的科技设备和研发中心，定位于绿色化、服务化、智能化的发展趋势。而传统制造业创新水平极其低下，一直处于价值链的中低端，生产的产品具有低附加值、低技术含量、价格没有竞争优势等特点，大多属于劳动密集型和资本密集型产业。

目前高端制造业发展的趋势有以下几个特点。一是向数字化发展。据有关资料，截至 2018 年年末，我国企业数字化研发设计工具普及率和关键工序数控化率分别达到 68.6% 和 48.5%[1]，生产设备数字化率为 45.9%，企业云平台应用率为 43.5%。对我国的制造企业而言，现阶段数字化解决的重点问题是优化产能、降低能耗、减少排放。如钢铁、建材、石化、光伏、汽车等行业广泛通过数字化解决问题。二是向网络化发展。统计全球 77 个工业互联网平台现状发现：83% 在做产品和设备的在线管理；68% 在做业务运营的优化；19% 在做新模

---

[1]　数据来源：2019 年全国信息化和软件服务业工作座谈会。

式、新业态，其中机械行业占 36%，能源行业占 22%，轻工、石化、电子行业各占 10% 左右，其他行业占 14%。如工程机械行业，企业寻求在产品后市场找价值增长的空间，做产品的在线管理[①]。又如石油、化工行业，安全管控危险系数高，在工业互联网检测平台的基础上做新的控制模型。三是向智能化发展。据统计，2018 年我国智能制造领域产值规模达 17 480 亿元，工业机器人消费连续六年稳居全球第一[②]。在航空装备、汽车、船舶、工程机械等领域，形成以缩短产品周期为核心的产品全生命周期一体化模式；在石化、钢铁、电子等领域，构建了生产数据采集系统，实现了制造执行系统和企业资源计划系统之间的协同和集成。四是向柔性化发展。现代的柔性生产具备"多样化、小规模、周期可控"的特点，及时调整自身的生产工序和工艺可实现弹性生产。弹性生产当前在服装、家电等行业已被大规模应用。目前超过 30% 的服装通过互联网销售，服装柔性化生产在市场、技术支持和制造过程三个方面均具有柔性。如工业和信息化部（以下简称"工信部"）选定的"6 个示范"（南山、红领、迪尚、爱帝、报喜鸟、柒牌）和中国服装制造联盟指导下的"三衣两裤"（西服、衬衫、T恤、西裤、牛仔裤）示范企业就是如此。

[①] 数据来源：2019 年科技创新者大会国家工业信息安全发展研究中心系统所所长周剑演讲《制造业如何向数字经济加速转型》。
[②] 数据来源：2019 年 5 月标准排名城市研究院、经观城市与政府事务研究院编写的《世界智能制造中心发展趋势报告（2019）》。

我国高端制造业竞争战略及其路径选择

　　高端制造业在进行战略选择时，可选择成本领先战略、差异化战略和集中化战略，选择不同的战略会取得不同效果。企业的战略选择与其生产经营的特殊性有着密切关联，企业自身的特点、成本控制的特征决定了企业战略选择的偏好。很多高端制造企业将战略聚焦于成本领先战略，但是一般情况下其主要产品制造工艺相对来说都比较复杂。比如船舶制造企业，根据产品结构关系可将产品组成描述为"产品—部件—组件—零件"等多个层次，这其中既有重复性弱、相似性差、难以进行标准化生产的高层级生产，也有制造技术单一、学习性效应强的低层级零件生产。所以在低层级零件生产过程中，船舶制造企业常通过加强成本管控、规范制作流程降低生产成本。成本领先战略在高端制造业市场上升时期会取得良好的成效，然而在市场低迷时期效果欠佳，成本管控节约的成本难以弥补市场萎缩带来的业绩下滑，使得成本领先战略难以为继。

　　1999 年中国船舶工业总公司分拆成中国船舶工业集团（以下简称"中船集团"）与中国船舶重工集团（以下简称"中船重工"），中船集团重在船舶制造，中船重工重在科研开发，"分家"时无论是产业资源还是资本实力，中船集团均优于中船重工。然而面对 2008 年金融危机造成的船舶市场持续低迷，中船集团与中船重工选择了两条截然不同的发展路径。中船集团实施以"成本工程"为主的低成本战略，虽然取得了一定的成效，然而低成本战略带来的成本节约难以弥补船舶市场低迷带来的重大影响，从 2007 年盈利 142.34 亿元到 2017 年仅盈利 25.56 亿元。中船重工抛弃了上升时期使用过的成本领先战略，在 2012 年开始采用多元化竞争战略，并通过实施多元化战略，形成了四大领域十大产业板块的产业发展格局，实现了从亏损到持续盈利（2017 年盈利 66.4 亿元）[①]。

我们先来看看中船重工的基本情况。2015 年，中船重工尝试资产证券化，通过资本市场分别打造了四大领域十大产业板块的资产整合平台，稳固了核心竞争力，提升了盈利能力。2018 年，中船重工在国务院国有资产监督管理委员会批准后进行了公司制改制，在世界 500 强榜单中居世界船舶企业之首。中船重工聚焦战略方向——兴装强军，进一步提升了综合实力和国际影响力，主要经济指标稳步增长，发展质量持续向好。中船重工基本情况见图 5.1。

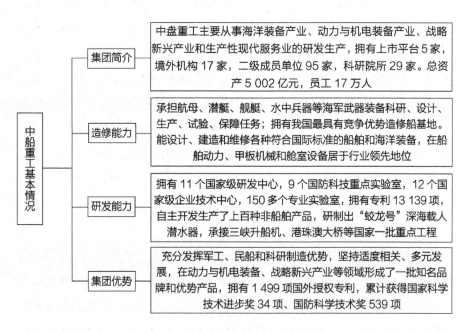

图 5.1　中船重工基本情况

① 陈音桦. 低成本亦或多元化：中船集团该向何方？[D]. 镇江：江苏科技大学，2018.

中船重工为何选择集中化和差异化联合战略

　　从差异化竞争战略角度来看，当前全国规模以上船舶工业企业共有1043 家[①]，中船重工是中国造船市场最大的船舶集团之一，同时具备军工背景。中船工业、扬子江船业、新世纪造船、中远海运重工等都是其强有力的对手。由于船舶市场低迷，中船重工将主业从船舶修造、海工装备转移至其他领域，形成差异化优势，占领非船市场，避开市场带来的不利影响。从集中化竞争战略的角度来看，船舶制造属于技术密集型产业，涉及行业广，技术范围涵盖机电、化工、海洋资源勘探、远程探测等，当前国内船企正不断寻求技术突破，打破国外企业在核心技术上的垄断地位。同时一项核心技术可在多个领域加以运用，因此中船重工集中科技投入，也为其战略发展起到了不小的作用。

　　船舶制造行业关系到国家的海域经济布局和国防布局，我们先从政策环境开始分析。近年来，为了化解船舶市场过剩产能，推动船舶行业转型升级，国家出台了一系列振兴规划与扶持政策，在市场兼并重组、深化结构调整、战略性新兴产业发展、科研资金支撑等方面给予了大力支持。当前船舶工业军民融合已经上升为国家战略。2015 年，工信部明确将以国防科技工业军民融合深度发展为重点，完善政策，加强规划引导，促进军民用技术转化和军民结合产业发展，推进军民融合。2016 年，政府明确要站在发展战略全局高度，全面深化各领域改革，进一步把国防和军队建设融入经济社会发展体系，把经济布局调整同国防布局完善有机结合起来，大力推进供给侧结构性改革，实现国有资产保值增值。此外，国务院发布的全国海洋主体功能区规划也提出，要提高海洋资源开发能力，实施海洋强国战略，实现船舶工业的军民深度融合。国家的相关政策为我国船舶行业未来的发展指明了前进方向，为中船重工差异化和集中化联合战略实践提供了路径，为中船重工实施差异化和集中化战略提供了有利的政策环境。

---

① 数据来源：2020 年中国船舶工业行业协会编写的《2020 年船舶工业经济运行分析》。

从市场总体环境上看，世界经济增速略有回升，但仍处于国际金融危机爆发后的长周期深度调整阶段。我国经济总体上缓中趋稳、稳中向好，经济发展出现更多积极变化。从行业环境上看，船舶海工市场全球性危机仍将继续，民用船舶市场需求不足，价格低位运行，企业难以获得较强的议价能力，同行竞争加剧。此外全球运力过剩、造船产能过剩的问题难以得到根本缓解，全球新船订单量持续下滑，船舶市场仍处在深度调整阶段，且在未来较长时间内都难有突破。由于国际油价持续走低，全球海洋装备市场形势也更为严峻，船舶相关产业面临整体性挑战和结构性机会。因此与同行企业相比，差异化战略的运用可以为中船重工带来新的利润增长点。

从技术环境分析来看，目前，我国虽然在高端船舶设计和关键设备制造方面很多还依赖于与外国合作，但在化学品、成品油船、集装箱船、散货船、超大型油轮、矿砂船等船种建造上以及无人智能测量艇领域都有了长足的进步，在军工军贸领域、船舶制造领域、海洋经济领域、能源交通装备及科技产业领域中都处于优势地位。在通用设备制造上，国内造船企业通过技术改进以及精细化、模块化管理，使得进口产品与本土产品在质量与技术上的差距逐渐缩短。中船重工在研发上的投入也在不断增加，研发团队在充分了解客户和市场需求的前提下，灵活调整研发方向，多领域拓展业务，并不断向价值链高端延伸，提高产品的经济附加值，提升我国船舶行业的核心竞争力。

从船舶行业分析来看，船舶工业是我国国家经济命脉中重要的支柱产业，具备资金占用量大、生产周期长以及与国际贸易及全球海运市场发展状况高度相关等特点。受金融危机和新冠肺炎疫情影响，当前船舶工业正处于行业发展周期性的底部，虽然从三大造船指标上看我国造船业已跃居世界首位，但总体形势仍不容乐观，新船有效需求不足，船企接单困难，盈利能力继续下降，企业生产面临严峻挑战。中船重工在船舶行业中占据支配地位，具备完整的产业链，能够形成规模优势，降低成本。由于造船企业议价能力低，原材料成本、人工成本等生产成本日益增加，中船重工难以通过低成本优势取得新订单，普通船型已无法为中船重工带来盈利，其必须通过高附加值产品才能获得持续性发展。海工市场低迷，我国海工装备制造业 2011 年迅速发展壮大，但是油价深幅下跌，近年来我国海洋工程装备成交额急剧下滑，产品交付困难，中船重工不得不对手持订单大额计提资产减值准备。同时船舶工业整体低迷，未来贸易增速或将持续走低，新船市场有效需求不足。此外，原材料成本、人工成本不断上升，中船重工盈利难度大，经营风险提高，船舶行业转型迫在眉睫。

中船重工实施集中化和差异化联合战略取得的效果

在差异化战略下，中船重工的业务可分为六大产业板块：船舶修造板块、海洋工程板块、动力装备板块、机电设备板块、信息与控制板块和生产性现代服务业板块。其中动力装备板块中的陆用领域动力装备，信息与控制板块中的非船电子信息装备，生产性现代服务业板块中的物流、国际贸易、金融服务、工程总包及咨询服务等，都将按照专业化的板块划分，来提升企业的可持续发展能力。目前，中船重工新兴产业体系已覆盖能源、现代服务、新型城镇化、节能环保、高端装备制造和通用航空等产业领域，覆盖市场包括陆用市场、海上仓储市场、能源市场、物流市场、电子医疗市场、建筑市场、金融市场等，初步形成了"5 大"和"2 特色"7 个新兴产业发展重点，共 100 多个项目，并通过技术延伸进行适度扩张。

为了定量分析中船重工差异化战略的实施效果，根据 2005—2018 年年报数据计算杜邦分析所需指标，如表 5.1 所示。

表 5.1 中船重工 2005—2018 年杜邦分析主要数据

金额单位：万元

年份	净资产收益率	总资产收益率	权益乘数	营业净利率	总资产周转率	净利润	主营业务收入	资产总额
2005	6.92%	1.26%	5.49	2.67%	0.47	136 202	5 098 312	10 803 499
2006	8.82%	1.84%	4.77	3.36%	0.55	217 335	6 464 253	11 785 993

续表

年份	净资产收益率	总资产收益率	权益乘数	营业净利率	总资产周转率	净利润	主营业务收入	资产总额
2007	13.93%	2.77%	5.01	5.44%	0.51	446 569	8 210 503	16 095 087
2008	12.67%	2.30%	5.46	4.94%	0.47	511 584	10 348 257	22 210 300
2009	10.36%	2.63%	3.97	5.80%	0.45	699 022	12 049 005	26 536 438
2010	8.47%	2.15%	3.92	4.81%	0.45	685 144	14 252 440	31 811 447
2011	8.20%	2.12%	3.85	4.54%	0.47	739 154	16 294 525	34 892 818
2012	7.88%	2.27%	3.52	4.67%	0.48	817435	17 510 187	35 934 668
2013	7.32%	2.32%	3.13	4.59%	0.51	859 899	18 745 371	37 038 853
2014	5.73%	2.00%	2.88	4.15%	0.48	829 738	19 991 515	41 478 632
2015	3.23%	1.04%	3.11	2.08%	0.5	459 236	22 039 877	44 262 546
2016	2.60%	0.83%	3.14	1.43%	0.59	401 578	28 000 005	48 387 959
2017	3.14%	1.04%	3.02	1.73%	0.61	517 887	30 029 204	49 621 601
2018	2.90%	1.02%	2.87	1.61%	0.62	512 529	31 817 658	50 106 985

中船重工的非船产业形成了中船重工新的利润增长点，主要原因在于中船重工实施了差异化和集中化联合战略，将有限资源在船舶主业与非船产业之间合理分配，积极化解过剩产能，科学布局非船产业，实现了多领域的快速发展，尤其是在能源装备、交通运输、电子信息、特种装备、物资贸易等五大领域形成了一批处于世界领先地位的品牌产品，蹄疾步稳地推进了军品民品协调、互动发展，运用大型成套设备和高科技产业的开发制造能力自主开发生产了上百种非船舶产品，差异化优势明显。现如今，中船重工已经成了"军民融合、技术领先、产融一体、创新型的"国际一流船舶集团，是我国造船业当之无愧的主导力量和我国海军装备最强、最大的供应商，在保证集团公司可持续发展的同时，还积极为国家海洋强国、军民融合战略的成功实施提供有力支撑。

因此，寻找新的盈利点，形成自己的研发体系，抢占相关市场尤为重要。在战略选择过程中，中船重工发现在某些产业上已有丰富的技术积累，并深耕其中最具潜力的产业，寻找到了新的盈利点。同时由于船舶制造属于技术密集型产业，企业拥有自己的科研班底，凭借多年的发展已具备较强的研发实力，形成了自己的研发体系。因此中船重工在发展过程中通过实施集中化和差异化联合战略再次走向我国船企领头羊的位置。

我国高端制造业转型发展的路径选择

通过分析中船重工发现，我国高端制造业可选择以下五种路径进行转型发展。

1. 通过转型升级实现质的飞跃

高端制造业作为推动我国成为制造强国的引擎，应通过转型升级实现以下四方面质的飞跃：①雄厚的产业规模，表现为产业规模较大、具有成熟健全的现代产业体系、在全球制造业中占有相当比重；②优化的产业结构，表现为各产业之间和产业链各环节之间的联系密切，产业组织结构优化、基础产业和装备制造业水平较高、拥有众多有较强竞争力的跨国企业；③良好的质量效益，表现为制造业生产技术水平世界领先、产品质量水平高、劳动生产率高、创造价值高、占据价值链高端环节；④可持续的发展潜力，表现为具有较强的自主创新能力，能实现绿色可持续发展，信息化发展水平较高。

2. 创新驱动发展，完善创新体系，实现信息化和工业化深度融合

一是强化企业在技术创新中的主体地位，健全企业"引进、消化、吸收、再创新"体制建设；二是完善产学研用相结合的高端装备制造业产业创新体系，通过组建产业联盟等形式加快重大科技专项和行业共性技术攻关，加速科技成果的产业化，把信息化和工业化深度融合作为加快高端装备制造业转型升级的重要动力，实施两化深度融合专项行动计划，大力推进智能制造生产模式的集成应用，建立健全装备制造企业两化融合管理体

系，不断提升装备制造业信息化水平；三是提高创新设计能力，加强核心技术、关键技术转化成先进制造基础工艺技术的能力。

3. 实施"强基"工程，推进质量品牌建设，提高产业持续发展能力

通过实施专项财政补贴、重大公共试验平台建设以及鼓励上下游企业协同创新等措施，突破我国工业"四基"（基础材料、基础零部件／元器件、基础工艺、质量技术基础）的桎梏，加强技术标准体系建设，实现核心基础零部件／元器件关键技术的产业化，开发关键基础材料，研发先进基础工艺。强化企业质量主体责任，弘扬"工匠精神"，实施精品工程。加强高端装备制造可靠性设计、试验与验证技术研究。用先进的制造工艺技术、技术标准、严谨规范的质量管理体系来打造"中国装备品牌"。

4. 延伸产业链，推进制造业的服务化，实现从生产型制造向服务型制造转型

围绕产品全生命周期管理，重点加强产品全生命周期的前端（设计和研发）以及后端（产品服务及"本地化"营销）的能力，提高附加值。优化供应链管理，大力发展信息化、智能化产品运行过程中的远程监测。支持高端装备制造骨干企业在工程承包、系统集成、设备租赁、提供解决方案、再制造等方面开展增值服务。

5. 培育龙头企业，推动产业集聚，提升企业发展质量效益

通过市场竞争，优化资源配置，大力培育一批在国际产业分工中处于关键环节，既能出口产品、又能输出资本和技术的企业。着力培养一大批以"专、精、特"构筑企业竞争优势的高成长性企业。扶持影响国家现代化建设和国防安全的核心动力企业。通过发挥龙头企业的引领、带动作用，提高整个产业的研发能力和技术水平，加快产业的转型升级，形成具有优势的高端装备制造业产业链和产业集群。落实"一带一路"倡议，加快高端装备制造业"走出去"步伐。不断完善支持对外经济合作的政策体系，

鼓励通过工程总承包等形式带动上下游配套企业成链"走出去"。支持资本雄厚的大企业并购有品牌、技术、资源和市场的国外企业，开展全球资源和价值链整合。鼓励有条件的企业在海外建立研发机构，充分利用海外研发资源，最大限度突破技术壁垒限制。

● **知识拓展 5.2**

中船重工战略发展过程

1. 低成本战略（2000—2008 年）

在这一阶段，由于日、韩造船集团实力强大，中船重工短时间不能利用技术的重大突破来实现产品的差异化，因此，中船重工选择采用低成本战略，稳扎稳打，挖掘成本节约的空间。我国劳动力价格比日、韩及西方国家低，且劳动力资源丰富，为中船重工成功实施低成本战略奠定了"地利人和"的良好基础。在劳动力资源充足的基础之上，中船重工进一步实施专业化生产、统一采购制度，强化了船舶主业成本控制，赢得了长期的竞争优势。

2. 技术创新战略、资本运营战略、国际化战略、联盟战略（2008—2012 年）

实施技术创新、资本运营、国际化、联盟战略是中船重工向世界造船企业第二梯队迈进的必然选择，为承接低成本战略革命成果，支撑多元化战略的全面实施起到了承上启下的过渡作用。在这一阶段，中船重工加快了高技术、高附加值船型、自主知识产权品牌产品的技术研发；2009 年，集团开始打造上市公司，不仅增强了集团直接融资的能力，而且通过并购等方式积极调整产业的结构；培养了一大批高素质的综合类人才；85% 以上的船舶修造业务是出口船舶和外轮修理，走出国门进行海外投资；加强与世界造船强国之间的战略合作，提高生产效率，降低了研发成本；加强与上下游企业之间的战略合作，实现了资源互补和利益共享。

3.多元化战略（2012年至今）

世界顶级的造船企业集团都成功地利用多元化战略重组了自身的产业。如今，中船重工以船舶主业为支撑点，加大对非船产业的投入力度（集团整体的非船产业投入占比已经超过 63%），动态地经营军用产品、民用产品、海洋工程、船舶修造、船用配套、非船产品等多项产业，关注各个业务的生命周期，及时剥离常年亏损的业务，实现了船与非船的全面、协调、可持续发展。

高端制造业的成本分析

成本分析重点

我国高端制造业以几个重点的行业为主，由国家出面组建国家公司，吸引不同人才、不同体制的科研力量加入，以大协作的方式共同推进发展。因此，高端制造业的成本会计核算有着突出特点。在实际工作中，成本分析的方式比较多，依据不同的管控方式，我们主要分析两种类型。

1. 按照生产工艺流程进行成本分析

在工艺流程过程中，由于其流程比较复杂，所以工艺流程必须按照流程的具体要求实施。

在生产工艺转化中，注意成本和价值链也有密切的关系：成本随着价值链进行流动。

在不同环节的工艺流程分析中，能源损耗相对比较高，各种资料会形成不同的分析单位，但是产品价值会随着工艺的流转进入到下一步工艺。

在实施中，工作人员要把握住工艺流程的各种物料消耗情况，明确人力投入以及其他制造费用等，通过开展成本分析，确定最终的成本。并且，要对成本进行检查，确保其符合实际管理要求，针对其中的不足和具体问题等也要改进。

2. 按照成本承担的责任进行成本分析

在成本分析的阶段，可以将成本作为中心，实现合理化管理。如依据责任成本的管控情况，结合责任成本的不同角度衡量产品的执行情况，将每个成本中心分为可控成本和不可控的成本，实现总成本的分解、整体控制。并将企业成本运用 3U［不合理（Unreasonabless），不均匀（Unevenness），浪费无效（Uselessness）］记录法找出成本浪费的地方，从而达到整体成本分析的目标，同时提出合理的管理意见。

中船重工的成本分析

以下是中船重工的成本特点。

①目标成本法与作业成本法具有较好的实用性。

船舶制造企业的产品生产或为单件生产，或为小批量生产，规模效应不明显，且船舶产品多根据订单要求单独设计，即使是同一类型船舶，其设计制造也有较大差距，因此产品的重复性和相似性差，难以形成标准化生产线。所以传统的标准成本法难以满足管理需要，目标成本法与作业成本法更具实用性。

②成本控制动态化。

船舶需根据订单进行设计，制造过程工序复杂，需要的材料、设备数以万计。由于船舶制造订单对交货期限有明确的限制，为保证按时交货，企业无法等全部材料、设备均购置完毕后再进行生产，而是边设计边生产、边修改，这意味着其生产组织过程中所涉及的制造信息是不定性的、动态的、增量接收的，所以其成本控制也是动态的。

③交货期、质量、成本联动。

交货期、质量、成本是船舶制造企业的三大管理目标，生产过程需要将三者综合考量才能实现产品的顺利交付，一味追求单一的成本控制往往会以牺牲交货期、质量为代价，为企业带来风险。因此，船舶制造企业在成本控制过程中应当以"成本控制""交货期控制""质量控制"为中心开展联动控制，发挥综合控制效应。

成本分析与控制中存在的问题

根据上述以中船重工为例对高端制造业企业的成本特点的分析，可以发现高端制造业企业在成本分析与控制中存在以下三类问题。

①制造企业成本管控不到位。

成本核算是成本管理的重要组成部分，在当前阶段，成本核算的方式是将制造企业在生产经营中的各种费用按照固定的对象进行归纳和分配，最终计算出产品的总成本和单位成本。而在实际管理中，由于其他不良因素的干扰，会造成核算管理不科学。制造企业在内部的账目设置中，一般设置的是总账，没有具体的账目记录，甚至部分企业没有成本核算的资料，导致整体管理比较混乱。企业在结转生产成本以及销售成本的时候，在一个会计年度内对会计方式的选择上存在随意性和不固定性的特点，进而会导致产品期末库存数与实际盘存数严重不符。

②成本控制机制问题。

一般情况下，成本核算以及控制等都需界定产品生产环节，如在材料转化为成品的时候，对物料的消耗控制很重要，但是由于影响因素比较多，很难实现合理的控制。单一的缓解控制缩小了成本的范围，加上成本控制范围包括的是采购成本、销售成本、物流成本和管理成本，在各个方面都要做好成本管理，由于整个阶段的影响因素多，因此可能会存在成本控制不到位的现象。

③思想管理意识淡薄。

在成本控制和管理的过程中，成本控制思想方式贯穿在整个业务活动中，并不仅仅是某个部门的工作，而是需要大家一起进行管理。但是在多数情况下，企业管理者存在盲目管理的现象，好的成本核算控制体系能折射出企业的整体管理体系综合水平。成本分析与控制工作中，缺乏详细的分工、责任制度未完全落实，使得制造业企业的生产经营过程存在责任缺失、管理混乱等问题。

对制造企业的成本分析与控制工作而言，参与的部门与人员相对较多，如果想要取得良好的成本分析与控制管理效果，制造企业在实际的工作中需加强分工管理，对各个部门、人员的会计核算工作加以详细的任务与责任划分，使得在实际的成本分析与控制工作中，各个部门能够始终保持协调性，保障成本分析与控制目标的实现。

中船重工也存在着难以进行产品"生产周期间"成本控制的问题。中船重工所拥有的船舶种类繁多，并且生产组织复杂、生产重复性差，加之船舶制造有明确的生产节点和交货期，时效性强，所以无法进行"生产周期间"的成本控制。

● 知识拓展 5.3

目标成本法

"目标成本法"是日本制造业创立的成本管理方法，以给定的竞争价格为基础确定产品的成本，以保证实现预期的利润。即首先确定客户会为产品／服务付多少钱，然后再回过头来设计能够产生期望利润水平的产品／服务和运营流程。目标成本法使成本管理模式从"客户收入＝成本价格＋平均利润贡献"转变到"客户收入－目标利润贡献＝目标成本"。目标成本法是一种以市场为导向、对有独立的制造过程的产品进行利润计划和成本管理的方法。它的出发点是以大量市场调查为基础，根据客户认可的价值和竞争者的预期反应，估计出在未来某一时点市场上的目标售价，然后减去企业的目标利润，从而得到目标成本。目标成本法的特点是改变了成本管理的出发点，即从生产现场转移到产品设计与规划上，从源头抓起，具有大幅度降低成本的作用。目标成本法的核心工作是制定新品目标成本，并通过各种方法不断地改进产品与工序设计，确保新品成本小于或等于目标成本。这一工作需要由包括营销、开发与设计、采购、工程、财务与会计，甚至供应商与顾客在内的设计小组或工作团队完成。

● **知识拓展 5.4**

作业成本法

作业成本法（Activity Based Costing，ABC）是基于活动的成本核算系统。资源按资源动因分配到作业或作业中心，作业成本按作业动因分配到产品。作业成本法是基于活动的成本管理。成本管理是按照现行的会计制度，依据一定的规范计算材料费、人工费、管理费、财务费等的一种核算方法。这种管理方法有时不能反映出所从事的活动与成本之间的直接联系。而作业成本法相当于一个滤镜，它对原来的成本方法做了调整，使得人们能够看到成本的消耗和所从事工作之间的直接联系，这样人们可以分析哪些成本投入是有效的，哪些成本投入是无效的。作业成本法主要关注生产运作过程，加强运作管理，关注具体活动及相应的成本，同时强化基于活动的成本管理。

高端制造业如何控制企业成本

如何提升高端制造业成本分析与控制水平

1. 进行细致的成本分解

成本分解不但要将产品成本按成本项目分类，同时，特定的项目还要按工艺工序进行分解。一款产品从成本项目分类再到工艺分解，越是细致越有利于成本的精益管理，做到"精确打击"。有人或许会反驳：事无巨细那工作量太大了，且过于烦琐的话，抓不到重点。这个观点有其合理的一面，但是如果不进行细致的成本项目分类和工艺分解，又怎么知道重点在哪里？成本管理就是细节决定成败。许多时候，你认为的重点可能并非重点！只有把明细的成本分解，放在生产实际中才能找到重点和弱点，从而实现精准管理。

成本分解后，还要将分解后的成本项目责任落实到人，责任落实不到人，其结果就是无人负责，无人管控。责任落实到人后，可将其纳入责任人的绩效考核中，做到事事有人管，人人有事管。

2. 成本管理透明化

成本管理的透明化有利于培养全体员工的成本意识、重视成本控制。许多企业出于各种原因，把企业的成本管理做得神神秘秘，生怕被人知道了任何一点成本信息，甚至对于毫无秘密可言的、在市场上到处都可以买到的劳保用品和辅助用品的价格都保密，这完全没必要。你对员工保密，员工对你也保密。他们保什么密？他们会让你不知道他耗用了多少成本，这就造成了成本失控。成本管理是全员的成本管理，只靠坐在办公室的领导发号施令是完全管不住成本的。当然，产品的整体成本从某种意义上说，的确是公司的财务机密，但这并不意味着不能进行成本管理透明化。其一，任何产品的成本组成都不是单一的，而各个不同的成本项目分别分解到不同的职能部门，每个部门只掌控一部分成本，而大多制造成本、核心部件的成本，并不被一线人员所知晓；其二，现在许多制造企业，其产品的价格及成本在行业内基本是透明的，竞争优势只是在于哪个企业能从这个透明的海绵里再挤出水来。向客户报价的同时，需向客户提供成本分析表，再与客户协商，供方只赚取双方认同的合理的利润。

成本管理透明化还要求达到全员知晓的程度，不能只是一线的管理人员知晓，甚至连作业人员也必须知晓其所使用和耗费的材料、物品的成本是多少。每个员工都对他所负责的作业范围内的成本负责，在员工的意识中要灌输成本的概念，员工的眼睛里看到的不再是物品，而是"钱"。这就是成本意识。要使每个人都能够充分认识到成本与自己有关，而且是有很大的关系，形成全员关注成本管理的良好氛围。

3. 增强企业的成本管理意识

制造企业的成本管控过程中，影响因素比较多，管理人员要引起重视，将成本控制不断落实。只有在实施中，落实成本管理理念，才能减少其中的隐患。在后期落实阶段，不断地强化大家的控制理念，让各项管理对策深入到实践中，让成本控制深入到企业灵魂。在实施中，由于人人都是成本控制的工程师，因此要求企业从上到下地贯彻落实成本管理意识，大家的重视度提升之后，成本管控将能取得突出的成效，各种成本控制问题都将及时解决。

中船重工如何进行成本控制

1. 利用差异化战略提高销售业绩、增加利润

在全球船舶企业遭遇寒冬之际，中船重工以船舶主业为支撑点，加大对非船产业的投入，动态地经营各项产业，推动了军品民品协调、互动发展，积极化解过剩产能，及时剥离常年亏损的业务，并打造出航母、核潜艇、"蛟龙号"深海载人潜水器等大国重器，形成了集团新的利润增长点，开创了船舶主业与非船产业协调发展的新局面。集团通过设立上市公司，不仅增强了集团直接融资的能力，而且通过并购等方式积极调整产业的结构，良好地平抑了船舶行业的周期性风险及船舶市场整体下滑造成的系统性风险，提升了集团整体的可持续发展能力。

2. 利用差异化战略培养企业形成竞争优势，促进企业发展，并持续优化

中船重工若要保持良好的发展态势，进一步优化差异化战略，可以实施以下措施。①在船舶主业与非船产业协调发展的现有基础之上，应当有所为，有所不为，拒绝短视，防止盲目地、过度地、得不偿失地生产不可持续的差异化产品。②聚焦"人无我有、人有我特、人特我新、人新我强"，结合现有的实际情况，逐步优化形成非船产业的两大优势板块——新能源与高端装备制造。短期内新能源板块在已有风电、核电、蓄电池、采煤装备等的基础上，可进一步拓展可燃冰开采、潮汐能、波浪能、太阳能等。长期来看，应该在风电的基础上紧紧抓住发展太阳能的战略机遇，充分发挥自身的人才和技术优势，顺势而为，尽早进行战略规划、科学布局和精心打造，占领新能源制高点。这既是军民融合的需要，也是国家能源安全和环境保护的需要，且具有庞大和持续的市场潜力。高端装备制造要在已有轨道交通、大型钢结构、港口机械、烟草机械、新材料、自动化物流系统等的基础上，进一步结合智能制造，突出重点，打造世界知名品牌。③开拓多元化融资渠道，通过境

内外上市融资、提高资产证券化比重、实施债转股等，优化融资结构，为实施优化差异化战略提供资金保障。

3. 保持高研发能力

创新能力是制造业发展的根本动力，创新能力强是制造业高质量发展的一个重要体现。中船重工强大的研发能力和产品设计能力是其实施差异化和集中化战略的基础，其拥有 11 个国家级研发中心，9 个国防科技重点实验室，12 个国家级企业技术中心，150 多个专业实验室，拥有专利 13 139 项[①]，自主开发生产了上百种非船舶产品，研制出"蛟龙号"深海载人潜水器，承接三峡升船机、港珠澳大桥等国家一批重点工程。

---

① 数据来源：2019 年 7 月 2 日新京报发布的《两大重量级副部央企合并启动》。

第 6 章

传统商贸流通企业成本分析与控制

扫码即可观看
本章微视频课程

传统商贸流通企业的困境

　　在研究传统商贸流通企业所面临的问题之前，我们首先来了解什么是商贸流通企业。一般来说，商贸流通企业是商品流通和为商品流通提供服务的企业，其本质功能主要是通过一系列的商品交换活动来实现社会资源在各个领域的合理分配，从而满足人们的消费需要，促进社会经济的健康发展。根据经营模式不同，传统商贸流通企业可以分为"行商"与"坐贾"。有一个成语是"行商坐贾"，其中"商"是指小规模流动经营的商贩，"贾"则指有固定店铺或商号、坐堂经营的商户。近代零售业的发展改变了传统商贸流通企业的普遍形态，大规模、多渠道的长途贩销改变了"行商坐贾"的原本含义，但并没有改变"行商坐贾"的传统模式。而近年来电子商务的蓬勃发展彻底推翻了商贸流通企业的传统格局，现在所指的传统商贸流通企业实际上就是与电子商务（虚拟商铺）相对应的，有实体店铺、仓储功能的商贸流通企业。商贸流通企业的发展状况不仅是反映一个国家、地区经济发展水平和社会繁荣度的窗口，同时也是衡量一个国家、地区综合实力和居民生活水平的重要指标。在我国国民经济体系中，商贸流通企业作用越来越重大，也成了整个国民经济链条中不可或缺的关键环节之一。

　　然而目前传统商贸流通企业发展面临着诸多困境。以我国为例，传统商贸流通企业的发展问题主要体现在以下几个方面。

1. 成本升高，获利能力下降

近年来，传统商贸流通企业经营成本日渐上升，实体店铺面临关店危机，网络零售行业的收入增速也变缓，获客成本不断攀高，网络红利下降。我国商贸流通企业长期处于价值洼地，以往粗放式经营埋下的问题开始显现，商贸流动资本的年周转次数相比国外同类企业要少很多，物流成本反而超出总成本50%以上。同时协同整合能力不足，面临着"互联网+"融合下新业态、制造业服务化转型带来的去中间化冲击的微利窘境[1]。

2. 特色不突出，吸引力弱

从区域商贸流通发展情况看，很多地区商贸特色不突出，与本地特色文化旅游等各类资源融合不到位，所以对外的吸引力、影响力和辐射力不足。一些城市当中的现代商业设施分布不均，缺乏特色鲜明的体验型消费，难以满足人们日益增长的多样化消费需求。

3. 发展空间狭窄

传统商贸流通企业核心竞争能力相对较弱，实际经营中的服务模式单一，缺乏相应的替代服务机制，使其难以经受市场的洗礼。并且在上下游行业的双重挤压下，传统商贸流通企业的生存发展面临严峻挑战。

● 知识拓展 6.1

我国商贸流通企业经历了三大发展时期

1. 改革开放前的商贸流通企业

中华人民共和国成立后到实行改革开放这一时期，商贸流通企业在短缺经济的大背景下，并且在实行产品的计划分配机制的大环境下生存。改革开放之前，我国商贸流通企业以"国家所有制和计划经济"为核心，社会呈现集体化和公有化态势，通过统购统销以及统

购包销等措施来实现国家的产品分配和运作。中华人民共和国成立之初，国家推行以分配为核心的计划经济流通体制。随后，中央人民政府贸易部领导全国国营商业、合作社商业和私营商业，到私营商业进行社会主义改造、中央人民政府商业部提出"大购大销"方针，再到1977 年的《关于进一步安排市场供应几项措施的报告》中明确指出：所有的工业企业生产的各种产品，除有规定以外，一律都交给商业部门，统一收购，统一销售。总之，改革开放前的商贸流通一定程度上对生产有所约束，但也满足了当时的工业生产、人民需要以及公平合理分配任务的需要。

2. 改革开放后的商贸流通企业

1978—2007 年，是商贸流通企业处于追赶、发展与改革的阶段。流通领域经过市场化改革、所有制结构深刻变迁，基本完成了流通产业政策的转型；大的商贸流通企业在新兴业态的崛起中快速成长，外资零售商全面进入国内市场，我国商贸流通企业为了跟随现代化的步伐也在奋起直追。改革开放后的商贸流通企业的发展可细分为以下几个阶段。

① 1978 年至 1984 年是改革开放的起步阶段。这一阶段，商贸流通领域改革主要集中在恢复和发展农村集市贸易，调整和改革农副产品购销体制、日用工业品价格、购销和批发体制，恢复基层供销社的合作商业性质等方面。② 1985 年至 1991 年是有计划的商品经济阶段。在商业管理体制方面，实行简政放权，深入改革商品管理体制，扩大市场调节范围，取消日用工业品指令性计划，取消农副产品的统购、派购制度，改革多层次的批发体制。③ 1992 年至 2001 年是社会主义市场经济建立阶段。这一阶段，商品市场体系建设出现高潮。1992 年 7 月，国务院发布《关于商业零售领域利用外资问题的批复》，该文件指出允许外商进入国内市场，对我国流通业而言具有里程碑式的意义。对商业企业进行股份制改革的成果显著，使得非公有制商业得到进一步的发展，促使商业企业成为流通领域市场主体的主

要力量。1992年，第一家中外合资零售企业在我国成立，预示着外资商业开始进入我国市场。随着连锁经营、现代物流和配送中心的起步发展，我国电子商务在互联网的推动下开始蓬勃兴起。④2002年至2007年是适应与发展阶段。2003年，中华人民共和国商务部（以下简称"商务部"）成立，商务部对市场流通法规文件进行了清理，初步完成了我国市场流通法律体系的框架设计，打破了我国内外贸分割管理近50年的局面。随着商业对外开放程度越来越高，商贸流通企业积极推进连锁经营，提高流通现代化水平。

3. 当前的现代化商贸流通企业

2008年至今，是商贸流通企业创新与变革的阶段。现阶段，我国商贸流通企业的流通体制改革进一步深化，如进一步加强城乡市场体系建设，特别是农村流通体系、农村市场、营商环境、市场秩序和规范经营方面政策法规体系建设，探索了一条新型行政管理体制改革的道路。与此同时，政府为了推行"互联网+"政策，加强人工智能与商贸流通业的结合，出台了多样化的电子商务促进政策，这些改革政策推动了实体商业转型与发展，此时的商贸流通企业在转型创新中发展壮大。

传统商贸流通企业的战略选择

一般而言，传统商贸流通企业的规模经济 [1] 效应巨大，规模的扩张会导致固定成本的上涨，但遵循边际成本递减 [2] 规律，这些固定成本通过在一定规模下销售更多的商品创造更多的营业额便能够被分摊，企业通过不断地扩张规模就能提高其营业收入和市场份额。所以传统的商贸流通企业一开始在进行战略选择时，往往会实施成本领先战略。与采取其他战略的企业相比，选择成本领先战略的企业尽管不会忽视产品品质、服务质量等方面，但贯穿整个战略中的主题是使成本低于竞争对手。为了达到这些目标，企业必须在经营管理方面进行严格控制，发现和开发蕴含成本优势的资源。传统商贸流通企业的产品往往标准化程度高，产品替代品多，所在市场中存在大量的价格敏感型用户。企业一旦获得成本优势，就可以获得高于行业平均水平的收益，成本优势可以使企业在与竞争对手的竞争中受到保护，因为低成本意味着在竞争对手毫无利润的低价格的水平上保持盈利，增强竞争力。

对大型连锁超市来说，商品价格是影响顾客满意度的重要因素，"求廉"在目标顾客的期望价值中占据着主要地位。尽管随着城乡人民收入水平的提高，"求廉"的表现形式发生了变化，从以前单一的"求廉"，演

---

[1] 规模经济 (Economies of Scale)，即大规模生产导致的经济效益。由于在一定的产量范围内，固定成本可以认为变化不大，那么新增的产品就可以分担更多的固定成本，从而使总成本下降。

[2] 边际成本递减，指随着产量增加，所增加的成本将越来越小，但超过一定的限度后，生产一单位产品的边际成本将上升。

变成满足一定质量要求的"求廉"。然而，超市并不能因为低价重要就以此作为其顾客价值定位点。美国连锁超市沃尔玛，其竞争战略的主定位点在于低价，提出的口号是"天天平价"。但是沃尔玛"天天平价"的竞争定位只是其竞争战略的外在表现形式，实现低价依靠的是强大的低成本业务流程。沃尔玛将降低成本的手段运用到了极致：采用"直接采购"节省中间成本，并以"买断经营"取代"代销"拓展降价空间；建立了遍布全球的专业化配送网络——巨型配送中心，每年为公司节省数百万美元仓储费用；组建一支庞大而高效率的运输车队，为其节省了大笔的运输费用。同时，沃尔玛通过长期实施"农村包围城市"的战略来抢占市场，坚持在人口只有 2.5 万人以下的小镇开设分店，不仅节省了房租和装潢费用，还减少了广告开支。沃尔玛还拥有全球最大的民用数据库，可以凭借商业卫星系统随时掌握销售情况，合理安排进货结构，从而降低存货费用和资金成本，每年节省的支出比竞争对手多出 7.5 亿美元[①]。

大部分连锁超市在尚未认清自身能力而过分追求成本领先时，总会陷入一些盲区。第一个盲区是人们很容易将成本领先战略看作简单的价格竞争，从而步入低价竞争的漩涡之中。低价销售商品，向来是商业竞争的一个有力武器，只要市场上存在价格敏感型的顾客，低价商品就有其无法抵挡的魅力。实际上，成本优势并不等同于价格优势，在将成本优势转化为价格优势时，如果处理不当，不仅不会取得预想效果，反而会阻碍企业发展。当企业一味压低经营成本追求成本优势时，很可能造成进货商品粗制滥造、所售商品品质下降以及服务水准骤降等现象，忽视顾客对质量与服务的要求，顾此失彼反而容易失去顾客。同时，当企业盲目进行价格竞争时，会造成企业盈利过低、发展困难，还会被认为挑起"价格战"，引起竞争对手反击，若自己没有充分抵御对手反击的实力，反而容易造成经营被动，最终得不偿失[②]。第二个盲区是过分强调成本优势而忽视了其他战略。波特

---

① 章志华. 连锁超市的低成本领先战略 [J]. 企业改革与管理,2004(06):66.
② 肖怡. 零售企业成本领先战略的实施与风险规避 [J]. 商业经济与管理,2000(12):10-13.

认为，尽管企业采用成本领先战略能够获取优于行业平均水平的经营业绩，但企业不能无视差异化战略。即使成本领先者制定低价，但当其商品或服务被认为与竞争对手不能相比或不被顾客接受时，企业为了增加销售量，将被迫削价以至于其定价远低于竞争者的价格水平，这将抵消低价本应带来的收益[①]。但低价不能低价值尽管成本领先者依赖成本获得竞争优势，但仍必须在相对竞争对手差异化的基础上创造价值相等或价值近似的商品，以领先行业平均水平。商品差异化的价值相等或价值近似意味着为获取满意的市场份额而进行的必要的削价不会抵消成本领先者的成本优势，因此成本领先者能赚取高于行业平均水平的利润，这正是企业选择成本领先战略的主要原因。

所以寻求差异化成为行业内企业共同关注的命题。通过挖掘未被满足的顾客需求实行差异化战略，是企业在激烈的同业竞争中实现突围的一种可行选择。这里所说的未被满足的顾客需求，指的是出于种种原因，同行业内的企业普遍未能提供或者未能很好地提供给顾客某些他们看重的价值。但是，企业若想以未被满足的顾客需求作为差异化定位点，还受到自身资源能力的约束。在 2020 年中国连锁百强中排名第 4 位的永辉超市，所实施的差异化战略在本土零售企业中可谓独树一帜。永辉超市的差异化战略建立在消费者未被满足的生鲜产品的需求上[②]。长期以来，我国生鲜买卖主要集中在农贸市场，生鲜产品仅作为超市中的陪衬，名"鲜"实则不"新"不"鲜"。随着人民生活水平的提高，人们更倾向于在居住地附近的超市而不是较为偏远的农贸市场购买生鲜产品。永辉超市敏锐地捕捉到这一商机，选择生鲜产品需求作为自己差异化战略的定位点，建立起购物环境舒适、价格低、损耗低、质量优和保鲜度高的生鲜经营模式，形成了相对于农贸市场、同种类型超市的差异化优势。

---

① 张蕙.零售企业竞争战略制定的误区解析 [J].财经科学,2013(08):67-74.
② 林里辉.福建永辉超市营销策略研究 [D].厦门：厦门大学,2014.

● 知识拓展 6.2

一些零售领域的专业术语

1. 直接采购与间接采购

采购，是指企业在一定的条件下从供应市场获取产品或服务作为企业资源，以保证企业生产及经营活动正常开展的一项企业经营活动。采购分为直接采购和间接采购。直接采购指用于产品生产及销售的物料与服务的购买，服务于外部客户，也叫生产性采购。如原材料、产品包装、物流服务等。间接采购是为支持企业的产品生产及销售，以及维持企业正常运营的物料及（或）服务的采购。间接采购活动中采购的商品和服务不直接进入最终产品。

直接采购与间接采购主要在以下四个方面有区别。

①服务对象：直接采购所购买的物品及服务主要用于产品生产及销售，所以其主要服对象为外部客户；间接采购所购买的物品及服务主要用于企业内部运营，所以其主要服务对象为内部客户。②采购规模：直接采购项目相对比较常规，单个项目采购量大，平均单价相对较高；间接采购项目比较繁多，单个项目采购量小，平均单价相对较低。③关注重点：因直接采购成本关系到产品的总成本及市场销售定位，故各生产制造企业在直接采购方面更重视成本分析与质量，同时通过各种方式降低采购成本；间接采购的物品及服务主要用于企业内部运营，更看重交付效率及服务，同时侧重减少人力成本支出。④流程差异：直接采购需求来源于计划预测，依托 ERP 与生产同步，关注库存数据、实时数据共享，强调成本及时效，整体流程相对完整且复杂。间接采购需求变化频繁，没有计划预测、生产环节和库存管理，整体流程环节相对较少。

2. 买断经营

所谓买断经营，是指经销商（批发商或零售商）通过同制造商（厂家）协商签订买断经营合同，由经销商以现款现货或期款现货的交易方式，向制造商一次性买断该厂所有产品或一种商品在某地区市场某个时间段的独家经营权的经营行为。买断经营是包括专卖商、批发商在内的商家追寻利益最大化的新的经营模式。其实质是商家通过买断的形式，以较高的商业风险换取制造商的某种商品一定时期的独家经销权，获取高额利润。买断经营是商家避免恶性竞争、拓展利润空间的一个值得尝试的有效手段。

买断经营从形式上讲，并不是一个新生事物，类似的经营模式从国外到国内早已存在。国外大商业集团包揽某个品牌的商品某一区域甚至全球市场的经营或代理，是比较普遍的事。国内在计划经济时期实行的由国家指定流通机构"统购包销"，也属于某种程度上的买断经营。当然，时移世易，今天的买断经营与过去的"统购包销"有着实质性的区别，远不是形式上的一种简单回归。

3. 网店代销

网店代销是指某些提供网上批发服务的网站或者能提供批发货源的销售商与想做网店代销的人达成协议，为其提供商品图片等数据，而不是实物，并以代销价格提供给网店代销人销售的经营行为。一般来说，网店代销人将批发网站所提供的商品图片等数据放在自己的网店上进行销售，销售出商品后通知批发网站为其发货。商品只从批发网站发出到网店代销人的买家处，网店代销人在该过程中看不见所售商品。网店代销的售后服务也由批发网站提供。

● 知识拓展 6.3

世界零售业五巨头

1. 沃尔玛

沃尔玛（Walmart）是美国最大的跨国零售连锁公司，在全球范围内经营大卖场、杂货店和折扣百货公司。它由沃尔顿家族拥有，并在全球 28 个国家开设约 11 500 家商店。沃尔玛是全球最大的零售商。沃尔玛销售各种电子产品，电影、音乐、服装、鞋类、玩具、首饰、工艺用品、杂货、体育用品等服务和产品。

2. 好市多

好市多（Costco）是美国最大的会员制俱乐部，提供丰富的商品。它是一家美国零售企业，以提供低价格商品而闻名。好市多在全球各地共开设 700 多分店。

3. 克罗格

克罗格（Kroger）是一家美国零售公司，它是美国最大的连锁超市。克罗格经营便利店、大型超级市场和超市。

4. 特易购

特易购（Tesco）是一家英国跨国零售公司，是欧洲最大的零售公司，也是全球第三大零售商。特易购在欧洲和亚洲共开设约 6 800 家商店。

5. 家乐福

家乐福（Carrefour）是一家法国跨国零售公司，是全球第二大零售商，全球遍布的门店大约有 10 102 家。

传统商贸流通企业的成本分析

商贸流通企业没有生产环节，其是连接生产与消费的重要纽带。传统商贸流通企业的产业链主要由采购、流通、仓储和销售四个环节构成，其中采购和销售是商品流通的开始和终结，流通和仓储是商品流通的中间环节[①]。因此，我们可以从这四个环节分析传统商贸流通企业的成本。

1. 采购环节成本

采购环节成本指的是企业购买商品整个过程中发生的费用。例如，采购议价费、验收费用、入库费用和其他订购费用等。采购流程如下：首先，搜集商品信息，进行交叉对比，选择适合的商品供应商；然后，与选择的供应商协商商品销售方案，根据方案里的商品售价和规模选择最佳方案，签订购买协议；最后，验收订购的商品。在验收过程中，对于一些贵重商品可能还需要聘请专家检验，有时还需要单独派工作人员全程陪同验收和运输商品。在这个过程中，会产生差旅费用和聘请专家等相关权威人士的咨询费用。以上的采购流程一年内可能会发生多次，成本支出也会发生多次。

2. 流通环节成本

流通环节成本是指商品从供货商到企业，最后再到达消费者的手中所发生的费用。整个流通环节都是依靠物流运输来进行的。物流运输不是简

---

① 桂良军，惠楠，王彦伟.商品流通过程成本控制探究——基于商品流通企业视角 [J]. 会计之友，2011(26):40-43.

简单单的将货物从一个地方转向另一个地方，在这个过程中，有包装、装卸、存储、运输等环节。以上环节的花费都将计入商品成本。物流成本控制是一个系统化的过程，过程中支出的费用最后都会回到企业本身需要承担的总花费中。所以进行物流运输控制管理，可以适当地让企业减少这一部分的开支。

3. 仓储环节成本

仓储环节成本指的是商品的装卸、存储费用以及折旧费用等。该成本分为两个部分，即固定成本和变动成本。固定成本是仓库折旧费、仓库员工工资以及仓库租金和仓库定期维护费用等，这些费用是仓库本身的花费，与商品数量和质量无关。变动成本主要与商品直接相关，如商品在保管期间内发生的破损、受潮或者变质损失，还有一些特定商品需要支付的保险费用等，这些与商品有直接联系的成本就是变动成本。

4. 销售环节成本

销售环节成本是指为实现销售所产生的房租、设施构建费以及为促进销售而付出的广告费等费用。

除上述按各环节划分的成本以外，在商贸流通企业的整个经营期间还会有人力资源成本、相关税费等贯穿多个环节的成本产生。

永辉超市的成本构成刚好可以覆盖上述四类成本。永辉超市的营业总成本主要由四个部分组成，分别是采购成本、销售成本、管理成本和财务费用。永辉超市成本构成及其占比、各产品成本明细及其占比分别如表6.1、表6.2所示。从表6.1可知，除了财务费用在2015年至2017年间出现下降的趋势，其他成本都在逐年上升，2019年永辉超市的总营业成本与2015年相比增加了41 641 416 000元，近年来采购成本的大幅增加是导致营业总成本上升的主要因素。

金额单位：千元

表 6.1 永辉超市成本构成及其占比 ①

成本	2015 年		2016 年		2017 年		2018 年		2019 年	
	金额	占比	金额	占比	金额	占比	金额	占比	金额	占比
采购成本	33 581 254	81.26%	38 969 655	81.34%	45 881 430	80.83%	54 321 512	77.77%	65 904 747	79.43%
销售成本	6 376 538	15.43%	7 165 231	14.96%	8 451 614	14.89%	11 560 294	16.55%	13 782 073	16.61%
管理成本	969 908	2.35%	1 288 541	2.69%	1 781 080	3.14%	3 007 200	4.31%	2 013 332	2.43%
财务费用	-24 580	-0.06%	-74 196	-0.15%	-82 768	-0.15%	147 537	0.21%	351 146	0.42%

注：此表中仅列了四个主要成本，还有一小部分其他成本未列出。

① 数据来源：根据永辉超市年度报告数据整理汇编。

表 6.2　永辉超市各产品成本明细及其占比 ①

金额单位：千元

产品	2015 年		2016 年		2017 年		2018 年		2019 年	
	金额	占比	金额	占比	金额	占比	金额	占比	金额	占比
生鲜及加工	16 136 560	48.05%	19 065 661	48.92%	22 566 028	49.18%	26 958 736	49.63%	32 213 659	48.88%
食品用品	15 886 973	47.31%	18 946 722	48.62%	22 222 709	48.44%	27 362 776	50.37%	33 691 088	51.12%
服装	1 557 721	4.64%	957 272	2.46%	1 092 693	2.38%	—	—	—	—
营业成本合计	33 581 254	100%	38 969 655	100%	45 881 430	100%	54 321 512	100%	65 904 747	100%

①　数据来源：根据永辉超市年度报告数据整理汇编。

根据表 6.1 可知，采购成本在永辉超市的营业总成本中的占比最大，其次是销售成本、管理成本，财务费用占比最小。同样，根据表 6.2 可知，营业成本主要由生鲜及加工、食品用品两类构成，永辉超市在 2018 年和 2019 年撤销了服装业务。

永辉超市与国内其他超市类企业的最大不同之处在于，它把生鲜产品作为最主要的营业品类，生鲜及加工所占成本的比例一直维持在 50% 左右，创造了独特的"永辉模式"。采购环节是"永辉模式"中最为关键的一环，永辉超市采购生鲜产品的方式主要有两种，分别是全国统采和区域直采。其中，全国统采的比例仅为 20% 左右，而区域直采的比例则占了 70% 以上[①]。在生鲜方面，永辉超市主要通过产地直采以及与生鲜源头生产商、制造商合作来进行采购。这样一来，永辉超市便可以突破区域分割流通的限制，便于实现外地扩张；同时区域直采还能有效缩减采购过程中的流通环节，使采购成本降低，提高企业的毛利率。

近年来永辉超市的管理费用在不断增加，且增长的幅度也在逐年增加，其主要原因有以下两点。第一，作为企业竞争优势重要保障的技术手段在不断更迭，因此永辉超市需要通过多种方法来激励和吸引高端复合型人才，这些人才的人力资源成本自然就会高很多。第二，永辉超市员工的受教育程度在不断提升，具体表现为高学历员工的占比逐年提升，且这类人才主要服务于管理层和技术研发部门。这些因素都会导致永辉超市的管理成本不断上涨。

在永辉超市的销售成本中，占比最多的是营运人员的薪酬，其次分别是房租物业费、折旧及摊销、水电燃料费和运输仓储费。永辉超市目前正在大力进行原有实体门店的转型和新门店的扩张，销售成本的上升验证了企业规模扩大的趋势。

---

① 张洋. 基于新零售模式的企业成本控制研究 [D]. 郑州：中原工学院,2019.

传统商贸流通企业如何控制成本

　　随着科技的进步，资本和信息技术开始互相结合，因此产生了创新的交易方式，比如电子商务等。经济发展进入新常态、消费者需求快速升级、电子商务零售迅速发展等经济、技术环境的变化，使我国实体商贸流通企业的发展举步维艰。电子商务平台和实体商贸流通企业都已不断认识到，双方并不是非此即彼的关系，而是应当取长补短、融合发展[①]。传统商贸流通企业也在朝着现代商贸流通企业的方向发展。如何凭借信息时代的东风，顺应绿色经济的潮流，更好地推进商贸流通企业高质量发展，也成了人们关注的重点。同时应推动传统商贸流通企业在发展过程中更加积极主动地寻找转型的路径，迎合新常态下市场需求的变化。面对整体需求增长放缓和经营成本增加的现状，我国实体商贸流通企业在转型"新零售"过程中必须要科学地解决所面临的成本控制问题，以真正实现新零售模式下实体零售业的稳步发展。

　　新零售模式下的成本控制问题主要集中在以下几个方面。一是物流成本高昂。以盒马鲜生和永辉超市来说，自行建立一套完整的现代化物流体系需要在前期投入大量的资金和人力，而且目前冷链技术的缺陷使得运输成本居高不下。二是线下实体店改造成本过高。传统商贸流通企业转型新零售应用了大量互联网技术，需要通过在门店内购置大量的智能化设备来实现线上线下与物流的深度融合，再加上人流量大的店铺所处地段租金昂贵，使得新零售门店改造成本高涨。三是管理成本日益高涨。企业转型新

---

① 刘先凤.供应链视角下传统商贸流通企业商业模式创新[J].全国流通经济,2019(01):3 - 4.

零售需要同时懂得电子商务与线下实体零售的高端复合人才，这类人才目前市场空缺极大，再加上同行之间人才的抢夺竞争，人才高薪难求已成为常态。

以生鲜产品为切入点实施差异化战略的永辉超市，在转型新零售时，既要保持自我的差异，还要实现成本控制，这样才能达到保证利润的目的。

多种方式结合降低采购成本

对永辉超市来说，生鲜经营是其最突出的特色。对供应商进行评估与选择是永辉超市进行成本控制的起点。采购员或中介直接与供应商沟通会存在"吃回扣"风险，从而增加采购成本或降低供货质量。永辉超市在官网设置"供零在线"板块，根据供应商在网站提交的申请，筛选出优质供应商，有效降低信息沟通成本。生鲜产品一旦出现食品安全问题，将会严重影响企业的销售额和信誉度，从源头严格把控供应商保障生鲜产品品质是成本最低的做法。永辉超市自 2016 年起与几家农业投资集团合作，通过入股或并购方式绑定源头供应商，实现了利益关联，避免供应商以次充好。

在进货阶段，永辉超市的采购理念为结合使用不同的采购模式，如区域和全国产品统一采购、当地采购、海外产品直接采购。大多数大型商超的生鲜产品采购方式为向农户一对一直采，但这种模式相对分散，缺乏专业质量监管技术。这种方式虽削减了采购中介成本，但产品质量参差不齐。永辉超市生鲜产品运营模式更侧重于"麦德龙"模式，采购环节严格根据批发流程进行管控，结合当地生鲜市场的实际需求，将统采①、直采②、农贸市场采购、供应商采购、海外采购方式结合。永辉超

---

① 统采，全称为统一采购，指集团将内部的采购需求进行集中，一次性采购，再将采购物资分别给业务单元。一次性采购量大，可以最大化地降低采购的直接费用。

② 直采，意思是直接采购，没有其他中间环节。

市聘有专业采购团队，可直达采购方选货，无须聘请农业经纪人[①]议价，结合消费者需求制定采货清单，根据清单进行现场采购，负责订单的人员与采购员分工，相互监督。这样不仅可以保证食材的新鲜，还能有效避免中间商赚差价。

近几年来，为了将其成本控制到最低点，永辉超市已不满足于从生鲜产品的农户、生产者手中采购货品。经过多方分析调研，永辉超市管理层发现，如果建立自己的生鲜生产基地，长此以往，从该基地提货的价格将会比从供应商手中提货的价格更便宜，将大大地减少采购成本，并且产品的质量也更有保障。于是，永辉超市通过建立生产基地，实现了生鲜产品的自给自足。渐渐地，生鲜生产基地不仅为永辉超市服务，还发展成了其他企业的上游产品供应商。在这种模式下，采购环节得到了更大程度的简化，成本得到进一步降低，进而企业的利润也随之增加。

发展冷链技术降低物流成本

我国冷链运输技术起步较晚，随着我国生鲜经营企业数量的不断增大，对冷链运输的需求量日益高涨。新零售的本质就是以消费者的体验为中心，为了让企业能够真正服务消费者并带来满意的消费体验，冷链技术的改进迫在眉睫。自建冷链物流体系有着其他物流方式无法比拟的优势，主要体现在消费者满意度高、商品质量有保障、配送时效性强等方面，可以极大地降低配送、储存和零售等环节中商品的损耗率，尤其是易受温度影响的生鲜产品的质量可以得到保障，从而为企业带来更高的利润[②]。此外，拥有自建冷链物流体系的企业，还可以根据产品的销量自行调整不同的参数和配送频率，从而达到降低物流成本的目的。永辉超市在 2015 年便开始发展

---

① 农业经纪人，又称农民经纪人，指为农副产品、农业生产资料、农村生活资料等买卖双方充当中介而获取佣金的一类特殊农民群体，俗称生意中间人。
② 张晓磊.物流业发展对商贸流通业增长促进作用的实证分析 [J].企业科技与发展,2019(06):18-19.

冷链运输，建立了生鲜冷链物流供应链，其中包括大量冷链设备的购置、冷链流程的优化以及冷链物流中心的建设。目前永辉超市已经完成了福建和华西两大国内区域的冷链建设，形成了生鲜产品储存、运输和配送三大过程的闭环，为企业增加了经济效益。

加强员工培养降低管理成本

激烈的市场竞争让企业更多地关注如何获取外部客户，却也让企业忘了"内部客户"，也就是员工，尤其是一线员工。尽管这些"内部客户"给企业带来的是"间接收益"，但他们的态度和行为对消费者的购买决策有着不小的影响。如何激励和调动员工的积极性成为一个亟待解决的问题。如果单纯增加员工薪资，会增加企业成本负担，影响盈利，加多了老板不愿意，加少了对员工激励性弱且效果短暂。因此，既为了增加员工的薪酬，也为了减少果蔬的损耗以及吸引更多消费者，永辉超市开始了运营机制的改革，即对一线员工实行"合伙人制度"。目前总共有三种合伙人模式，即普通合伙人模式①、有限合伙人模式②和增值合伙人模式。永辉超市采用的是增值合伙人模式，该模式的特点有：员工无须承担企业风险，但是要承担经营风险；根据价值进行多次利润的分配；注重团队和个人的价值贡献。

在合伙人制度下，永辉超市以其每一家线下门店和柜组作为经营单元进行考核，当门店中某个部门或柜组达到业务流程中的基本设定毛利或利润额时，该部门或者柜组内的员工将会得到分成。每一位员工的分成比例都是经过沟通和讨论决定的。这种方式下，员工会发现他们的收入与部门或者柜组的收入相互关联，想要拿到更多的薪酬就必须要提高自己的工作积极性。因

---

① 普通合伙人（General Partners，GP），指在合伙企业中对合伙企业的债务依法承担无限连带责任的自然人、法人和其他组织。
② 有限合伙人（Limited Partners，LP），指参与投资的企业或金融保险机构等机构投资人和个人投资人，只承担有限责任。

此合伙人制度对于员工来说就是一种在收入方面的"开源"。此外，由于在达到毛利额和利润额后才能进行分成，员工就会更加注重避免成本的浪费。例如在果蔬的拿放过程中不会过于粗暴以至于造成果蔬的损耗，在保鲜程序中也会格外注意。这就是在全国零售企业果蔬损耗率高达 30% 的情况下，永辉超市的果蔬损耗率仅为 5% 的原因 ①。永辉超市的合伙人制度所开放的权限不止这些，甚至柜台、部门人员的招聘和解雇也都由员工决定，同时门店内所得的收入都由所有员工共享，这样就很好地避免了"忙的忙死，闲的闲死"现象的出现。可以说，通过实施合伙人制度，永辉超市将所有的一线员工都集中到了一起，这样不仅大幅度降低了企业的管理成本，员工的流失率也得到了有效控制。

创新商业模式降低销售成本

1. 平台化供应链管理

2015 年 8 月，京东宣布以 43 亿元的投资入股永辉超市，并与其形成了战略合作关系，京东的加入让永辉超市得以开展线上与线下相互融合的新模式，即"线上订货，线下取货"。永辉超市凭借其经营多年所积累起来的强大供应链体系，与京东国内领先的现代化物流体系进行有机结合。在与京东进行合作时，永辉超市不但可以借助京东供应链体系中一些更具有性价比的供应商来降低自身的采购成本，同时还能为消费者提供更加安全、更加健康、品质更高的产品以及更加高效、便捷的购物方式。此外，永辉超市还与实力强大的业内企业开展深度合作，优化自身在进行全球采购时的供应链体系，以便于在跨境采购时获得产品的价格优势，降低采购成本。

2. 智能化设备助力

在传统的实体零售门店当中，通常都会使用纸质价签来为消费者提供

---

① 张洋. 基于新零售模式的企业成本控制研究 [D]. 郑州：中原工学院,2019.

商品信息，这种做法在进行商品信息更新和替换之时会耗费大量的人力和物力，增加了运营成本。而在永辉超市 Bravo 精标店和新零售门店"超级物种"中，这种传统已被打破。该门店借助智能化电子设备技术，使用汉朔科技生产的电子价签替代纸质价签。当需要更新商品信息时，只需要操作后台电子设备便可以随时更改，商品在台前与台后的价格信息实现了即时同步，大大降低了更替传统纸质价签所耗费的人力和物力资源。电子价签便于门店进行仓储管理，与 ERP 系统相互结合使用后，门店能够随时掌握店内库存商品的变动情况，在商品全渠道销售中有着极高的利用价值。除了电子价签，永辉超市的"超级物种"商店还配备了电子呼叫器、自动收银机等智能化设备。这些设备不仅节省了消费者的时间，还为消费者提供了更好的消费体验；同时，提高了商店的运营效率，降低了人力成本。

● 知识拓展 6.4

新零售

所谓新零售，是指企业以互联网为依托，通过运用大数据、人工智能等技术手段，对商品的生产、流通与销售过程进行升级改造，并对线上服务、线下体验以及现代物流进行深度融合的零售新模式。简单来说，新零售就是以大数据为驱动，通过发展新科技和升级用户体验，改造零售业形态。线上线下和物流结合在一起，才会产生新零售。

在 2016 年 10 月的阿里云栖大会上，阿里巴巴首席执行官（Chief Executive Officer，CEO）在演讲中第一次提出了新零售："未来的十年、二十年，没有电子商务一说，只有新零售"。自此概念被提出以来，阿里巴巴、腾讯、百度、京东、小米、网易等众多企业开始了新零售的探索之路。其中比较出名并且从一开始就完全按照新零售模式操作的，有阿里巴巴的"盒马鲜生"、腾讯京东系的"超级物种"、小米公司的"小米之家"、网易公司的"网易严选"等。

电子商务平台消失，是指现有的电子商务平台分散，每个人都有自己的电子商务平台，不再入驻天猫、京东、亚马逊等大型电子商务平台。阿里巴巴CEO认为，五大变革将深刻影响各行各业，五大变革分别是新零售、新制造、新金融、新技术和新能源。过去，制造讲究规模化、标准化，但是未来三十年，制造讲究智慧化、个性化、定制化；新金融必须支持新的八二理论，也就是支持80%的中小企业、个性化企业；新技术说的是原来的机器消耗电，以后会消耗数据；所谓新能源，阿里巴巴CEO认为数据是人类第一次自己创造的能源，而且会越用越值钱。

创建新零售，应满足以下需求：域名、云平台、云市场和全域营销。新零售的未来趋势包括以下三个方面。一是新零售推动门店体验再升级。线上品牌会逐渐布局线下渠道，使得线上与线下渠道有机融合，形成全渠道资源共享。数字世界和物理世界融为同一个世界，将成为新零售发展的新方向。二是新零售服务商将大量涌现。随着市场重心从制造商转向零售商，再到消费者，谁接近消费者谁就是赢家。三是数字化将向产业上游渗透。数字化进一步从消费者向零售商，最后向上游品牌制造商迁移，也就是我们常说的零售业互联网化进一步转向工业互联网化。工业互联网化不再是中国制造、美国制造等，而是互联网制造。这个制造是基于新商业基础设施和消费者需求的，将重新定义制造业。

● 知识拓展 6.5

麦德龙采购模式

起初，麦德龙在我国实行总部统一采购政策，由于采购权没有下放，一些本土商品都要先被购进麦德龙中国区总部，然后再从上海配送到门店。采购上高度集权，而卖场又散落在各个地区，从而导致麦德龙商品配送时常跟不上。为此，麦德龙实施采购新政，规定区域公司在生鲜等产品的采购上具备一定的自主权。采购新政更加公开、公平和透明，区域公司有自主采购权，但必须按照统一的原则来执行。在很多人眼中，采购被视为一个灰色职业，即"吃回扣"等潜规则很普遍，但是麦德龙并不接受这些"行规"。

实行采购新政之后，总部采购部门将与区域采购部门联合采购，华北、华南、华中和华东四大区域的区域采购部门，将取代总部采购部门担负起收集资料、与当地供应商洽谈业务等工作。具体来说，区域采购部门有权在当地选择生鲜类产品的供应商，并洽谈具体的供货事宜，然后再由总部的质量监测等相关部门做出综合评估，最后在总部与分公司协商之后拍板。以北部区为例，其总部正式在北京独立运作后，北部区所辖 7 家门店中的商品有 30% 都由北部区总部独立采购。北京首店开业时就有 5 000 余种商品在北京采购，其中，肉制品、果蔬等生鲜类产品，有 90% 以上都将在北京当地采购。

● **知识拓展 6.6**

合伙人制度

永辉超市实行合伙人制度，合伙人以团队经营者为核心，出钱出力，分享增值收益。

1.合伙人获得收益的方式

出钱——投资型的具体收益方式：保底收益、投资收益、投资份数、预设价值。

出力——贡献型的具体收益方式：增值分配、价值衡量、二次分配、贡献价值。

2.合伙人收益规则

第一部分：贡献收益，占比 60%。

第二部分：投资收益，占比 30%。

第三部分：二次分配，占比 10%。

将管理层区分类型、层次，设定对应的预设价值分，以倍数确立基础资格分。

以贡献价值作为分配依据，若实际增量值为利润 250 万元，每份实际可得分红 =3 000 元，但实际分配时，以价值分为依据。例如：第一轮合伙人的总分值为 400 分，总经理个人的价值分为 90 分，而人事经理的价值分为 13 分。相关计算如下：

总经理实际分红 =750 000÷400×90=168 750（元）；

人事经理实际分红 =750 000÷400×13=24 375（元）；

其中，750 000 等于前文假设的利润 250 万元乘以每份实际可得分红 3 000 元而得。

设定特别加分项、扣分项，必须属于公共分值，对企业发展具有重大意义，以强化对合伙人的价值挖掘及相关约束。

中途有合伙人退出或进入怎么办？按协议规定退回合伙金，给予利息补偿；考虑新的合伙人加入给予补充；无论是退出合伙人的份数，还是预留未分配的份数，其收益最终归公司所有；中途新进入的合伙人，根据加入时间核算个人合伙分红。

永辉超市实行合伙人制度的成果显著。2014 中国版财富 500 强榜单中，零售企业共有 31 家，其中永辉超市以 305.43 亿元的营业收入排名靠前。数据显示，近 3 年来，永辉超市在这一榜单中的排名一直在大踏步前进，从 2012 年的第 224 名，到 2013 年的第 197 名，2014 年排第 176 名。其营业收入增长率超过 20%，利润率也从 2013 年的 2% 提升到 2014 年的 2.3%，在整个超市行业净利率仅不足 1% 的困局之下，永辉超市的利润率几乎可以领跑整个行业。这种在业界看来很不可思议的增长速度是和永辉超市的创新分不开的，而这些创新也不仅仅体现在其对待消费者的方式上，更体现在永辉超市对"内部客户"的激励机制和满足上，事实上这才是永辉超市高速发展的关键原因。永辉超市合伙人制度的成功，具有很强的代表性。企业应积极适应经济形势，留住人才，激发员工积极性，把薪酬和绩效挂钩，把企业利益和个人目标一致化。企业业绩增长，员工也能得到加薪。

● **知识拓展 6.7**

电子价签

电子价签，顾名思义，是一种用于显示价格的电子标签，放置在货架上，可替代传统纸质价签。这个在 20 世纪就已经在欧洲开始大规模使用的工具，在我国的使用和普及却慢很多。一方面是因为过去很长一段时间内，我国人工成本相对更低，商家对于电子价签的需求不够迫切；另一方面是因为国内大多数商家（尤其中小商家）运营粗放，在促销、消费者互动、货源追溯等方面做得比较浅。而随着电商不断侵蚀实体零售份额，线上、线下不断融合的趋势加强，新零售大行其道，精细化运营成为实体零售的发展方向。电子价签迎来了最好的时代。

据不完全统计，近两年来，无论是沃尔玛、物美、永辉超市等传统零售商，还是盒马鲜生、京东便利店、便利蜂等新零售标杆，都已开始应用电子价签。虽然各家的电子价签形式各异，但整体材质和功能大同小异。目前市面上能看到的电子价签一般比较像计算器显示屏或者 Kindle 屏幕，提供了品名、价格、单位、规格、等级、产地等传统纸质价签提供的商品信息及对应条形码。

电子价签到底有什么优势，成为实体零售商的新宠？其优势大体有以下几点。

1. 提高运营效率，节省时间成本

电子价签简化了以往传统纸质价签要通过人工申请、调价、打印，由人到货架前端更换的复杂工作流程，节省了人工成本和时间成本，提高了运营效率。

2. 灵活调价，配合促销活动

电商运营中有类促销活动叫"秒杀"，只需要后台改动一下网页上的价格就可以实现秒杀促销。但此种促销方式在传统企业无法实现，因为线下拥有大量的实体门店，不可能在一瞬间把价格全部更换。而使用电子价签后，商家能够实现后台一键调价，以配合灵活的促销活动。据有赞零售方面介绍，其与汉朔科技合作的电子价签，支持商家选择多个模板，自定义编辑二维码，商家可自主配置营销活动，实现精准促进转化。

3. 灵活的货位管理

在实体零售店中，货架商品经常变动，而电子价签可以让店员更快速地定位到商品货位。以永辉超市为例，其会员店送货上门服务依靠门店就近配送原则实现，因此要确保配送人员能够从仓储式门店中迅速找到相应的货品。而电子价签背后的系统可以帮助配送人员迅速确定货品位置，方便找货。

4. 提升消费者体验

消费者可以通过电子价签上的二维码，实现领取优惠券、查看商品信息以及便捷支付等交互，体验更好。

第 7 章

电子商务商贸流通企业成本分析与控制

电子商务商贸流通企业所面临的问题

商贸流通业不仅是反映经济发展和社会繁荣程度的窗口，还是衡量综合国力和居民生活水平的"晴雨表"。随着我国电子商务技术的不断发展，商贸流通领域的电子商务业务呈现出快速发展的趋势，近年来，其对经济发展产生的影响甚至可以同工业革命对经济的促进作用相提并论。电子商务这种新兴模式，将会对传统产业改造和升级提供巨大的动力，也为我国商品流通业的发展孕育着无限的商机[①]。

现阶段，我国正处于工业化中期，市场经济体系还没有完全建立，电子商务对我国来说是一项既陌生又复杂的工程，因此在推动其发展的道路上不可避免会遇到各种问题和挑战。目前我国电子商务商贸流通业在发展中面临的问题主要包括以下几个方面。

1. 认识问题

信息化时代，竞争呈现出愈发激烈的态势，但许多企业仍然故步自封，仅仅着眼于企业的短期利益和暂时的稳定，没有认识到只有掌握最新技术和管理方法才能使其在竞争中保持优势。部分企业对新生事物的抵触态度是电子商务业在我国发展的重要障碍，也是许多企业无法摆脱亏损的重要原因。我们所熟悉的饮料品牌"娃哈哈"，从最初对电子商务的抵触到成立电子商务公司，从连年亏损到让品牌重返巅峰，就是认识到了电子商务发展的重要性。

---

① 白东蕊，岳云康．电子商务概论 [M]．北京：人民邮电出版社，2016．

2. 安全问题

发展电子商务的过程中存在许多安全问题，例如资金安全、信息安全、商品安全等。例如，不法分子进入网络交易系统，获取了数据的内容及格式后，采取不同的技术手段和方式修改数据，改变原有的内容，破坏数据的完整性，损害他人的经济利益。如果这些问题不能妥善解决，那电子商务的实现就无从谈起了。

3. 技术问题

技术问题主要涵盖两个方面。其一是存在许多不可靠因素。例如系统不可靠、软件不可靠，或通信和服务质量不如人意。其二是信息产业发展有待进一步提升。例如，某宝"错价门"事件，大量商品被修改为 1 元，引起网民哄抢，但之后许多订单被取消。随后，某宝发布公告称，此次事件为第三方软件"团购宝"交易异常所致。因此不断学习技术手段、改进管理方法是需进一步提升的。

4. 物流体系与服务水平不足

物流体系的运作是影响电子商务商贸流通企业发展的重要因素。一方面，我国当前物流体系的发展还不够成熟。例如对于保鲜期短、不易包装的农副产品，运输难度大而且运输成本较高，部分中小型物流企业基础设施不完善。另一方面，为电子商务企业和客户提供服务的员工综合素质普遍不高，这有可能间接增加物流相关成本。

5. 信用问题

良好的信用是交易顺利完成的根本保证。面对假冒伪劣商品泛滥、商品定价参差不齐的情况，许多消费者对网络购物产生怀疑态度，这极大地制约了我国电子商务业的发展。解决这一问题首先需要设置合理的商业运行机制和运行标准，以此来建立商业信用；此外，需要明确监督机构的责任，以此来保证交易各方保质保量、按时交付货物和支付货款。

● **知识拓展 7.1**

电子商务

电子商务是一个不断发展的概念。IBM 于 1996 年首次提出 Electronic Commerce（E-Commerce）的概念，1997 年该公司又提出了 Electronic Business（E-Business）的概念。由于二者在引进我国的时候都被翻译成了电子商务，因此我国对其做了狭义和广义的区分。E-Commerce 被狭义地定义为贸易过程中各阶段贸易活动的电子化，E-Business 则被广义地定义为利用网络实现所有商务活动业务流程的电子化。

现在，电子商务通常指依靠网络技术，实现消费者的网上购物、商户之间的网上交易和在线电子支付以及各种商务活动、交易活动、金融活动和相关的综合服务活动的一种新型的商业运营模式，其主要模式有 ABC、B2B、B2C、C2C、B2M、M2C、B2G、C2B、O2O 等，电子商务典型代表企业包括京东、阿里巴巴等。

电子商务正在成为未来国家经济新的增长点和核心竞争力。电子商务的主导技术是信息技术，它的发展将有力地带动一批信息产业和信息服务业的发展，促进经济结构的调整，从而对经济发展产生推动作用。电子商务对改变社会经济的运行模式、推动信息产业的发展提供了新的经济发展机遇，对实现国民经济和社会的跨越式发展具有重要意义。

● **知识拓展 7.2**

我国电子商务发展历程

我国电子商务发展可分为以下 8 个阶段。

1. 萌芽期（1997—1999 年）

在此阶段，我国接触互联网的民众数量较少，对互联网的使用仅停留在基础的应用上。大众对电子商务缺乏认识，并且受到互联网经济泡沫的影响，大多数电子商务企业发展困难重重。此时马云创办了阿里巴巴，新浪、腾讯、搜狐网也陆续上线，互联网慢慢向我们生活的各个领域渗透。

2. 调整期（2000—2002 年）

此时期互联网泡沫达到顶峰，很多想要靠投机行为获利的互联网公司纷纷倒闭，电子商务发展存在的诸多问题逐渐暴露，资金大量撤离，市场重新洗牌，中国电子商务协会成立（现已被民政部撤销），易贝网以 3 000 万美元收购易趣网 33% 股份，准备进军中国电子商务市场。

3. 复苏期（2003—2005 年）

此时期电子商务商贸市场逐渐变得理性，越来越多的大众开始接受网络购物。这段时期阿里巴巴创立了淘宝并推出了支付宝，本为解决信任问题的支付宝，后期对中国电子商务的发展产生了巨大影响。

4. 成长期（2006—2007 年）

在此阶段，国家意识到发展电子商务的重要性并出台了相关政策。随着电子商务环境的不断优化，物流问题、支付问题基本得到解决，此时"中国互联网第一股"网盛科技（现为网盛生意宝）上市。

5. 转型期（2008—2009 年）

此时期我国电子商务进入较为稳定和规范的发展阶段，并逐步形成了具有中国特色的网络交易方式。此时期入驻淘宝的大批商家，都享受到了较为丰厚的时代红利。此阶段淘宝开启了"双十一"购物狂欢节，专做特卖的电商唯品会上线，我国的电子商务模式逐步细化。

6. 高速成长期（2010—2014 年）

此阶段大量资金和企业涌入电子商务市场，网民和物流公司数量也在飞速增长。此时期阿里巴巴大规模扩建，菜鸟物流初具雏形，支付宝也获得牌照，正式合规运行。在此时期，京东、苏宁易购等电子商务巨头发起激烈的价格战，电子商务行业在竞争中快速成长，我国开始重视电子商务的监管问题。

7. 稳定发展期（2015—2017 年）

在资本的推动下，激烈的价格战正式结束，不同领域的电子商务平台纷纷走向合作。此时期网购人数、电子商务交易额与往年相比规模增大但增长速度有所减缓，电子商务市场的发展进入较为稳定的阶段。

8. 新变化时期（2018 年至今）

我国的电子商务市场在以惊人的速度发展着，在经历过短暂的稳定期后，持续迎来新的变化。拼多多推出"百亿补贴"等营销活动，引发了新一轮电子商务行业激烈竞争。大量短视频平台涌入电子商务领域，成为近年来行业内少有的大型新进玩家。

● 知识拓展 7.3

常见电子商务模式

1. ABC（Agent、Business、Consumer）

该模式是新型电子商务模式的一种，是由代理商、商家和消费者共同搭建的集生产、经营、消费为一体的电子商务平台。ABC 被称为继 B2B 、 B2C 以及 C2C 之后电子商务界的第四大模式。

2. B2B（Business to Business）

该模式是指企业与企业之间通过互联网进行产品、服务以及信息交换的模式。该模式下，交易双方都是商家，他们通过网络技术或者网络平台完成交易。交易过程包括发布供需相关信息、订货及支付、票据的签发与接收、配送过程的监控等。

3. B2C（Business to Customer）

B2C 是企业针对个人开展的电子商务活动的模式，也是我国最早产生的电子商务模式，目前大型的 B2C 企业有天猫商城、苏宁易购、京东等。

4. C2C（Consumer to Consumer）

该模式是指个人与个人之间的电子商务，盈利主要依靠收取增值服务费、广告费、搜索竞价等。例如，C2C 平台为买卖双方提供在线交易平台，使得卖方可以提供商品在网上拍卖，买方则自行选择商品进行竞价。

5. B2M（Business to Manager）

该模式是面向市场营销的电子商务模式。与其他模式相比，该种模式针对的客户群不是消费者而是该企业或者产品的销售者，目的是根据客户的需求建立起营销型站点，并通过对站点进行广泛的推广以及规范的管理，使得站点成为企业重要的销售渠道。

6. M2C（Manufacturers to Consumer）

M2C 是 B2M 的延伸，指生产厂商直接为消费者提供产品或服务的商务模式。M2C 的特点是减少中间流通环节，降低销售成本的同时保证产品品质以及售后服务质量，让消费者最大限度享受到低价格与高质量的产品和服务。

7. B2A/B2G（Business to Administration/Government）

该模式是指企业与政府机构之间进行的电子商务活动。如政府采购，政府将采购的相关细节公布在网络上，通过网络竞价的方式招标，企业则根据政府发布的内容进行网上投标。

8. C2A/C2G（Consumer to Administration）

该模式是指消费者与政府机构之间进行的电子商务活动。该模式旨在以电子的方式为个人提供更为全面的服务。目前这种模式还没有真正形成，但在个别发达国家，政府的税务机构通过指定私营税务师事务所或者会计师事务所，用电子的方式为个人报税，具备了 C2A

的雏形。

9. O2O（Online to Offline）

O2O指线上与线下一体化的新兴电子商务模式，实现该模式的核心是在线支付。即通过互联网进行线上推广，把相关的消费者集中起来，再将线上的流量引到线下，例如美团。此模式的特点是，推广的效果可以查询，每笔交易可以追踪，实现互联网落地，让消费者在线上获得价格优惠的同时，在线下还能享受到高质量的服务。

电子商务商贸流通企业如何选择竞争战略

在当今社会，随着全球经济一体化进程的加快以及各类新技术的不断涌现，市场环境变得具有高度的动态性。抓住机遇的企业可以在变化的市场中迅速建立起竞争优势，但也可能在极短的时间内被更善于利用机会的后来者击败。企业在激烈的竞争中处于何种地位，取决于企业采取怎样的竞争战略。因此，在动态环境中不断实现战略演进已成为企业获得持续竞争优势，实现持续发展的根本保证。

电子商贸流通业作为一门新兴行业，受互联网时代科技进步影响发展得如火如荼，其所处的环境具有明显的动态性特征，"唯一不变的就是变化"是电子商贸流通企业发展过程的真实写照。由于外部环境的不确定性、模糊性和复杂性，成功的电子商务企业往往需要通过实施连续的战略演进来维持其竞争优势。

成功的电子商务企业的战略演进过程主要包括三个阶段。首先是初创期。新设的电子商务企业在刚进入市场时，通常会向顾客提供价格极低的单一的产品或服务，以便尽可能多地吸引顾客，积累扩张所需的资源和能力。所以在初创期实施成本领先战略和集中化战略是占领市场的有效手段。其次是成长期。当企业初步奠定在细分市场中的领先位置后，自身所面临的内外部条件都会发生比较大的变化，迫使企业寻找并发展自身异于其他企业的优势资源，同时通过积极融资实现品类扩张。企业在市场中站稳脚跟后，实施差异化战略是继续吸引顾客、巩固市场份额的重要手段。最后是成熟期。随着整个行业逐步走向成熟，市场红利的消失与顾客需求的复杂化将促使企建立新的互利共生关系。具有行业优势的电子商务企业设法将相关企业聚集在一起形成涵盖多个领域的商业生态系统，每个企业分别专注于各自的细分市场，彼此间通过共享资源和能力共同服务顾客，从而满足大量顾客的细分需求。此时电子商务企业的竞争战略聚焦于各主要业务或产品，在同一发展阶段内可能会交叉使用多种竞争战略，以支持企业总体战略的实现。

从与阿里巴巴在电子商务行业双足鼎立的京东的发展历程中，可以看出其竞争战略的演进过程。

1. 初创期

1998 年，京东创始人在北京中关村创办了京东多媒体公司，从事光磁类产品的批发零售业务。2001 年，由于代理光磁产品的规模限制和毛利率下滑，京东多媒体公司开始转型 IT 零售商，主营声卡、键盘、鼠标等产品[①]。京东的初创阶段正处于我国零售业发生转型的关键时期，京东创业团队先是抓住线下批发零售行业不规范、消费者购买商品时选择成本过高的问题，聚焦于光磁产品这一单一市场，率先提出"低价、正品"的战略方针，获得了消费者的认可，实现了企业的快速发展。随后又及时调整战略方向，从代理商转型零售商，建立更为广泛的产品体系，为其后发展电子商务积累了宝贵的资源。2003 年出现了"非典"疫情，对京东的线下零售业务造成严重冲击。但威胁与机遇并存，京东利用自身积累的资源及时转型电子商务，并坚持一贯的"低价、正品"战略，使企业成功摆脱经营困境，实现从线下到线上的跨越式发展，成为 IT 类电子商务企业。专注 IT 产品的集中化战略和成本领先战略是京东转型前后的主导战略，让京东在创业初期实现快速发展。

2. 成长期

京东经过初创期的快速发展，已经在电子商务界崭露头角，但距离当

---

① 杨斐 . 电商企业战略演进过程案例研究 [D]. 长春：吉林大学 ,2017.

时 B2C 第一阵营的当当网、亚马逊等企业还有着较大差距。当时，互联网行业的从业人员开始意识到各个垂直领域都可以做 B2C，一时间各类 B2C 企业先后创立，行业竞争变得空前激烈。京东初创期的竞争优势主要来自 IT 产品的低价格和高品质，但由于这一时期涌入大量风险资本，后来进入市场的企业凭借巨额的资金补贴也可以达到"低价、正品"的效果，京东亟须转变战略以构建新的竞争优势。通过机会识别，京东确立了"转型综合电商"和"自建物流体系"两大发展战略。从战略管理的角度来看，这一阶段的京东同时采取了横向一体化和纵向一体化的方式来进行企业的扩张，竞争优势从"低价、正品"上升为"多、快、好、省"。一方面，通过"转型综合电商"，京东成功扩大产品品类并实现渠道的上游化，使自身能够为顾客提供更为多样且低价的产品，增强了顾客黏性，巩固且扩大了自身的市场份额。另一方面，依靠"自建物流体系"这一重要的差异化战略，京东进一步提升顾客体验，并在物流体系的基础上形成了异质性的供应链管理能力，实现了供应链成本的降低和效率的提高。

通过自建物流体系形成供应链管理能力，京东在与同业竞争的过程中具备以下竞争优势。第一，基于供应链各个环节的服务创新，包括 211 限时达[①]、货到付款等，有利于吸引并留下新顾客，并且这些创新需要企业具备对整个供应链的控制能力，因此竞争对手很难模仿。第二，作用于全供应链的成本降低和效率提升。京东通过对物流、信息流、资金流的整合，使供应链的各个环节得到优化，让产品、数据和资金快速而有序地流动，依靠合理的商业模式设计，从系统层面降低电子商务的运营成本并提升运营效率，具备异质性的特征[②]。

---

① 京东 211 限时达服务，指以每日 2 个 11 点作为时间分割点进行快速投递服务，具体表现为：由京东自营配送的区域均可实现上午 11：00 前提交现货订单（以订单进入出库状态时间点开始计算），当日送达；夜里 11：00 前提交的现货订单，第二天下午 3：00 前送达。
② 刘城郡. 电子商务企业的竞争战略研究 [D]. 贵阳：贵州财经大学, 2017.

3. 成熟期

京东通过不断的资源投入和商业创新，实现了对商品采购、仓储、物流到末端配送的全程掌控，为顾客提供了较低的价格和良好的服务体验，形成了差异化的竞争优势。但随着顾客需求的多样化，作为单个企业的京东已经无法独立为顾客提供全套的产品和服务，供给与需求之间开始出现不匹配。与此同时，京东也认识到顾客的范围不限于消费者，帮助供应商和平台卖家创造价值也能为京东带来竞争优势。因此，京东确立了商业生态系统战略，开始渐次开放其供应链的各个核心环节，通过网络效应汇聚各类合作者，共同为顾客创造价值。在构建商业生态系统的过程中，京东作为骨干型企业扮演了生态系统中提供资源共享的角色，通过将原本归属于企业内部的物流、技术、零售渠道、金融服务等资源进行整合和共享，实现了自身电子商务核心能力的对外开放，为其他生态成员创造了一个提供泛零售服务解决方案的平台，形成了商业生态系统存在的资源基础，机会利用与资源整合产生一体化作用。京东凭借其在营销、交易、仓储、配送和售后等零售环节多年卓有成效的活动，积累了供应链、仓储、物流、营销以及金融平台等战略资源，并在此基础上形成了包括供应链管理能力、数据应用能力在内的企业核心能力。京东通过把这些资源和能力全面开放形成泛零售服务基础设施来聚拢生态成员，以自身的核心业务体系作为资源杠杆来支撑商业生态系统的搭建。与此同时，伴随着京东物流、技术、零售、金融等平台的开放，数据成为联系京东与其他生态成员的重要介质，数据的共享与利用成为实现企业共同成长的重要手段。这一阶段京东仍会在相应节日开展商品折扣活动，形成了差异化战略为主、成本领先战略为辅的战略管理。

● **知识拓展 7.4**

京东创始人："价格战之父"

说起电商竞争，不得不提起近年来几大综合电商平台之间火药味十足，时不时混杂着营销和公关比拼的价格战。京东商城根据当前市场竞争形势，对不同竞争对手进行分析，制定不同竞争战略，并屡屡从中获胜，其创始人也被广大网友戏称为"价格战之父"。2004 年起京东凭借 3C 产品初涉足电商领域，并逐渐将 3C 产品作为重点品类，占领国内 B2C 市场的半壁江山。2010 年图书业电商巨头当当上市后，也开始进军国内 3C 市场，并不惜斥巨资进行降价促销以图与京东竞争。京东创始人则选择积极应战。京东在图书种类远不及当当三分之一的情况下，凭借自建物流体系，以极低运输成本的竞争优势在这场价格战中取胜，提升了京东的品牌认知度，在图书市场中占据巨大市场份额。面对电商发展日趋火热的形势，苏宁以多年来在线下家电零售市场中积累的丰富零售、采购、物流及售后经验，成立了苏宁易购线上购物平台，与京东直接形成对抗关系。2012 年 8 月，京东与苏宁展开了对峙三个月的价格大战，双方分别公开宣称价格要比对方低10%、5%，吸引了全社会关注 [①]。京东凭借完善的仓储、配送、商品管理等能力和极低运营成本，从而在供应链方面形成的绝对竞争优势，在这场与苏宁对峙的价格战中再获全胜。这不仅大幅提升了京东商城在 B2C 市场中的渗透率，且为其以供应链主导的核心竞争力做了有力宣传。

---

① 张薇. 京东商城的竞争策略分析 [D]. 南京：南京大学,2018.

电子商务商贸流通企业的成本分析

电子商务成本是电子商务企业在发展过程中所耗费的人力、物力和财力等一切资源的货币表现形式。电子商务成本具有一定的特殊性，这种特殊性可以归纳为"固定成本高、边际成本低""转换成本高""电子货币"三点。正是这些特点使电子商务成本有别于传统企业成本[①]。从电子商务成本构成角度看，其成本类型主要可以分为四大类，具体类别及特点如下。

第一，技术成本。为了保证经营活动的有序开展，电子商务企业必须配套完备的软件与硬件设施作为电子商务操作平台的有效载体，并且在实际运营发展中运用大量技术手段。因此，企业必须具备充分的，且能够建设、维护与保养整个系统的资金，这些资金就是电子商务的技术成本，具体涉及硬件配置、软件开发、设备维护管理等成本。第二，运营成本。在电子商务交易过程中，物流配送是非常关键的部分。交易物品需经历存放、运送、配送等环节，由此产生配送成本、交易成本、人力管理成本和系统管理成本等，这些共同组成了运营成本。第三，风险成本。消费者通过网络平台与电子商务企业进行交易，但网络的虚拟性会导致企业面对极大的经营风险。所以为了避免此类风险，企业采取防范措施所产生的费用即为风险成本。第四，安全成本。电子商务交易活动的安全问题是企业和消费者最关心的问题。为使交易活动安全，企业必须构建系统安全的技术软件以维护自身与消费者的利益，由此也会产生不少安全成本。

具体来看，首先良好的硬件实施及软件实施是电子商务企业高水平、高

---

① 吴赟婷，王钟庄.电子商务企业成本控制问题研究 [J]. 价格月刊 ,2015(02):88—90.

质量运行的前提,对系统及设备进行维护、升级需要大量资金投入,例如购买相关软件、维修计算机以及升级软件等。其次在电子商务企业运行过程中,不仅需要对内部职员支付薪酬,还需对相关技术人员进行培训教育,因此电子商务企业在把控硬件成本的过程中,也要对人才、技术等无形资产加大投资力度。为有效保障网络交易的稳定和安全,构建安全标准以及技术研发等方面的系统化体系也是电子商务企业成本投入的重点。面对错综复杂的网络环境,电子商务企业需要建立强大的安全系统以抵御病毒、黑客的入侵,这也增加了电子商务企业的成本支出。最后则是货物的供给、退款、退货以及物流配送等方面所产生的成本,这也是电子商务企业成本的重要组成部分。

以上只是电子商务企业共有的成本构成,然而每个经过价格战在市场中存活的企业,都有其独特的成本管理之道,应具体分析其成本构成。接下来介绍京东的成本管理现状。

京东的主要成本包括营业成本、履约费用、营销费用、研发费用、管理费用[1]。

营业成本主要包括商城自营商品的采购成本、相关入库费用、存货减值、与线上营销服务有关的流量获取成本及与提供给第三方物流服务有关的成本,同时收取自供应商的返利及补贴视为采购成本抵减项,于商品出售时减少营业成本。

履约费用主要包括经营履约中心、客户服务中心所发生的费用。具体包括:人员成本及采购、接收、检查及仓库存储中产生的费用;拣配、打包,及准备运输客户订单进行装运、处理付款中产生的费用;第三方快递公司就派送及交付产品而收取的费用;租赁仓库、配送和自提站以及实体店的租赁开支。

营销费用主要包括广告成本、公共关系[2]支出以及参与市场推广及业务发展活动的员工的工资及相关开支。若客户推荐促成产品销售,向参与合作计划的参与者支付的佣金也属于营销费用。

---

① 焦翀 . 京东商城物流成本控制问题探讨 [D]. 南昌:江西财经大学 ,2018.
② 公共关系(Public Relation,PR),简称公关,是企业机构用来建立公众信任度的工具。

研发费用主要包括参与设计、开发和维护技术平台，优化人工智能、大数据及云技术与服务的研发专业人员的工资及相关开支，以及技术基础设施成本。

管理费用主要包括一般职能员工相关开支，与该等职能相关的成本，以及设施及设备折旧费用、租金和其他一般公司相关开支。

2015—2019 年京东各项成本及占营业收入比重如表 7.1 所示。

表 7.1 2015—2019 年京东各项成本及占营业收入比重[①]

金额单位：亿元

成本	2015 年		2016 年		2017 年		2018 年		2019 年	
	金额	占比	金额	占比	金额	占比	金额	占比	金额	占比
营业成本	1 589.60	87.80%	2 229.35	86.31%	3 115.17	85.98%	3 960.66	85.72%	4 924.67	85.37%
履约费用	139.21	7.69%	209.51	8.11%	258.65	7.14%	320.10	6.93%	369.68	6.41%
营销费用	77.36	4.27%	101.59	3.93%	149.18	4.12%	192.37	4.16%	222.34	3.85%
研发费用	29.02	1.60%	44.53	1.72%	66.52	1.84%	121.44	2.63%	146.19	2.53%
管理费用	28.77	1.59%	34.36	1.33%	42.15	1.16%	51.59	1.12%	54.9	0.95%

注：因成本不能与当年收入完全相当，故部分年份可能出现"占比"合计超 100% 的情况。

① 数据来源：根据京东年度报告数据整理汇编。

　　由表 7.1 可知，营业成本的金额在逐年递增，主要是由于自营业务的增长；同时，随着物流业务的扩张，第三方物流服务相关成本也随着增加。但是营业成本占比从 2015 年开始一直在下降。究其原因，是企业规模持续扩张，产生规模效应使其市场份额持续增加，但营业成本占比的下降微乎其微，比率基本维持在 85% 以上。反观行业标杆亚马逊，其采购成本率[1]近年来已经控制在 60% 以内[2]。京东与亚马逊的采购成本率竟相差 20 多个百分点，说明京东有采购成本过高的问题。

　　以重资产运营的京东，履约费用在很大程度上影响了其运营成本。从表 7.1 中可以明显看到京东的履约费用相较于营销、研发和管理三项费用占比较大。另外可以发现，履约费用在 2015 年、2016 年占比高，是因为京东在广州和上海建立了大型仓库，进而使得仓储和物流成本明显增加。而到 2017 年，京东单独成立了物流集团，自建物流的作用开始慢慢发挥出来，但效果欠佳，还有进一步压缩的空间。物流效率的高低和订单规模的大小将影响公司盈利空间的大小。

　　营销费用上涨主要因为要不断应对来自阿里巴巴和拼多多的市场竞争，为应对"双十一"和"百亿补贴"的冲击而开展的营销活动，造成营销费用只增不减。销售费用与营业收入呈正相关关系，京东近五年一直在积极开拓市场，营业局面很乐观，销售费用率、管理费用率在 2015—2019 年基本上是在逐年下降的。原因之一是京东的产品已经得到市场和消费者的认可，单位产品的销售成本在不断下降。其次，随着公司组织架构改革，以及规模效应摊薄了物流配送等费用，经营费用率被整体优化。京东的技术研发费用投入比重持续上升，是因为京东在不断投资技术基础设施建设。京东作为互联网电子商务企业，技术是其庞大且不断扩大的业务规模的保障，也是保障产品和用户体验的支柱。研发费用的增长从侧面也反映出京东越来越重视研发与技术，这与京东提出的要"成为以数智化为基础的技

---

① 采购成本率 = 采购成本 / 营业收入。
② 焦翀 . 京东商城物流成本控制问题探讨 [D]. 南昌：江西财经大学 ,2018.

术与服务企业"的战略定位相符。

从差异化战略角度出发，结合上述分析，可以发现京东的成本管理主要有两方面的问题。

1. 采购成本偏高、仓储成本控制不全面

首先需要了解京东商城商品的上线流程：第一步确定商品，第二步确定供应商，第三步上线准备，第四步上线商品，第五步由供应商送货。京东商城的采销系统分为采购部和招商部。采购部主要负责提供售前咨询、人工客服以及售后服务。京东采用自营的经营模式，一般根据各类商品的订单数量进行采购，同时根据消费者的购买速度进行调整。由于京东商城的品类庞大，有部分商品的销售量小，销售速度慢，需求随之变少，因此部门的购买数量不足时对供应商的议价能力就会降低，商品的采购成本在营业收入中占比较多，使利润难以达到最大化。

由于京东涉足领域广泛，商品品类丰富，给仓储也带来了难题。因为每一个仓库的容积是有限的，商品数量多，就需要相应的仓库来容纳，一旦仓库不够，就得继续扩充仓库数量。扩充仓库数量不仅需要资金支持，还将对京东的库存管理带来更大的挑战。京东是通过遍布全国各地的地区仓储来实现快速配送商品的，这种做法最大的弊端就是库存量大、浪费多、管理费用高。而顺丰就不一样，顺丰使用的是周转仓，周转仓内的商品都是客户的，根本不占用库存资金。而且京东为了满足偏远地区客户的需求，只能利用成本较高的自建物流区域来完成货物的顺利交付，这样同时增加了物流配送难度和仓储成本。另外，京东为了及时配送，有时从仓库到配送站点会携带少量的退货返程，导致配送车辆在返回途中空驶现象严重，造成浪费。

2. 自建物流费用过高、退货配送成本过高

近年来，京东对消费者收取的运费持续增长，通过提高包邮标准来变相提高运输费用，从一开始的全场包邮陆续提高到 39 元、59 元包邮，再到 79 元、99 元包邮，涨价频率及涨价幅度大大增加。2017 年 12 月，京

东 Plus 会员费大幅上涨，但上涨的会员费用并没有使消费者获得与之相对的会员服务，即使在交纳会员费后，消费者仍需要额外付钱才能获得免运费的服务。2018 年 2 月，京东物流再次提高商品包邮标准，对 49 元以下的订单收取 15 元运费，相较之前的运费计算方法，运费的涨幅达 2.5 倍。这已经是京东物流近年来第五次变相增加运费[1]。京东物流一再上调运费，单从数字上来看，只是包邮标准提高了，但实际上透露出物流成本的增加。

由于京东商城物流体系建设的特殊性，如果退货率仍然持续增长，反向物流[2]成本也随之增长，将会给企业带来负面影响。京东从 2007 年开始自建物流体系，2015 年公司上市之后更是加大对物流研发的投入，覆盖范围更是多达 50 多个城市和地区。其自建物流体系规模极大，但是，这也导致了自建物流的利用率并不高。其拥有多样的配送规则，次日达、当日达、211 限时达等，京东商城从仓库到配送站点实行全日四次的配送政策，分别在全日的 7 点、14 点、18 点和 23 点进行。订单数量有限，导致了配送车辆装不满情况时有发生，极大地造成了浪费。自建物流的规模效应没有得到有效的利用与发挥，导致物流成本难以降低。

● 知识拓展 7.5

"双十一" 与 "百亿补贴"

"双十一" 全称 "双十一购物狂欢节"，是指每年 11 月 11 日的网络促销日，源于淘宝商城（天猫）2009 年 11 月 11 日举办的网络促销活动。当时参与的商家数量和促销力度有限，但营业额远超预想

---

① 焦翀 . 京东商城物流成本控制问题探讨 [D]. 南昌：江西财经大学 ,2018.
② 反向物流，又称逆向物流，指为了回收资源或正确处理废弃物，在高效及适当成本下，对原材料、在制品、产成品及相关信息从消费点到产出点的流动和储存进行规划、实施和控制的过程。在此处可简单理解为货物从消费者手中又回到厂家的物流配送过程。

的效果，于是 11 月 11 日成为天猫举办大规模促销活动的固定日期。"双十一"已成为我国电子商务行业的年度盛事，并且逐渐影响到国际电子商务行业。

"百亿补贴"是拼多多自 2019 年上半年推出的促销活动。"百亿补贴"的选品全部来自市场上关注度高、销量好、消费者反馈佳的品牌标品，平台携手品牌商联合让利，对入选的商品进行大幅补贴、让利促销，迄今已覆盖数百个品牌的 50 000 多款商品，并实现了这些商品的全网最低价。由于覆盖范围全面、优惠力度空前，"百亿补贴"已经升级成为平台的一项长期战略。

电子商务商贸流通企业的成本控制

目前，电子商务行业势头迅猛但竞争激烈，前有行业领军淘宝，后有后起之秀拼多多，京东在这双重压力下顽强求生。淘宝自 2003 年成立，定位于社区化、内容化和本地生活化三大方向，商品种类繁多，价格实惠，品牌形象已经根深蒂固。2015 年成立的拼多多则定位于 C2M① 拼团购物的第三方社交电子商务平台，用更低的价格"拼"出优质商品。而京东以自建物流著称，打造极致配送速度，现定位于利用先进技术打造数智供应链赋能社会。不同的战略选择带来不同的竞争优势，因而如何在激烈的角逐中取胜是值得企业关注的问题。

起初，京东凭借"价格战"和高速度的配送服务快速打开了市场，占据了一席之地，但在规模和市场不断扩大的过程中，也带来成本管理和控制的问题。在营业成本中，绝大部分是采购成本，这也是京东区别于淘宝和拼多多的突出之处。京东采用自营模式，需要采购商品，虽在采购上京东已和大型供应商达成战略联盟，但是也有很多非畅销商品无法批量采购，导致采购成本无法有效控制，居高不下。在履约费用、技术研发费用上，为打造完善的供应链系统，京东不断加大技术和重资产的投入，这需要雄厚的资金支持，如物流人员的薪酬、运费、支付处理费用及物流基础设施开支等。另外，随着销售规模不断增大，物流厂址地域的选择、人员的招

---

① 顾客对工厂（Customer to Manufactory，C2M），简称"客对厂"，一头连接制造商，一头连接消费者，砍掉包括库存在内的所有不必要成本，让消费者以超低的价格购买到超高品质的商品。

募等都需要大量资金。从成本分析中也可以发现，京东存在采购成本、履约成本偏高等问题，说明京东需对其成本管理持续优化。

京东在经营发展当中涉及的成本控制环节有很多，经营中的成本价值除商品直接价值之外，很多的成本消耗在装卸、存储、运输等环节。京东自建物流体系产生的成本在企业总成本当中居于重要地位，所以想要提高成本控制质量，京东就要先从物流成本把控着手。

1. 库存成本管理与控制

商品的物流属性主要包括尺寸、体积、重量，之前通常都是人工录入这些数据，不仅效率低下，而且难以有效控制人力、物力成本。为解决这个问题，京东与英特尔达成了合作意向，推出了仓储商品物流属性采集项目——竖亥。竖亥项目是针对京东仓储物流部的实际需求，借助英特尔的Real Sense 实感摄像头，搭配京东技术人员自主研发的测量技术，实现仓储商品物流属性的自动采集[①]。当工作人员将仓储商品放置在竖亥小车上之后，通过扫码器率先进行扫码，录入产品信息，之后通过屏幕点击开始，顶部设置的深度传感器就可以对商品进行物流属性的采集。竖亥的使用大大节省了入库商品物流信息采集时间，使新商品数据自动对接到仓储数字化管理系统中，既节省了时间，又提高了准确度，也便于配送时合理装配各项商品，提高了配送效率，控制了不必要的人力成本和物力成本的耗费。

2. 运输成本管理与控制

过去，京东不同城市仓库与仓库之间的运输主要是通过第三方物流实现的，运输期间站点停靠多，装卸货物频繁，很容易出现差错。除此之外，还要面对销售旺季带来的运输压力，因此运输速度、时效、服务都难以保

---

① 郝瑶.B2C 电子商务企业物流成本控制——以京东商城为例 [J]. 财会通讯 ,2017(20):66-72.

证。为了解决这个问题，京东 2012 年开始组建大型运输车队完成干线和支线物流运输，将全国七大物流中心与其他城市的仓库连接起来。以北京到上海为例，自营干线运输车队仅需 18~20 个小时即可到达，而且单车运载量足够多，使得运输时间大大缩短[①]。同时货物装卸频率和损耗率相比以前也大幅度下降，整个运输过程中的成本得以降低。虽然自营干支线运输初始所需投入大，但是如果京东能够在未来保证产品质量，吸引更多的顾客，提升业务量，那么干线运输也能发挥规模效应。

3. 配送成本管理与控制

一是通过分布式仓储降低配送成本。京东在全国范围内建立了仓库，实施"分布式仓储"，让商品离买家最近，进行同城或本地配送，减少递送的环节，一定程度上降低了远距离配送成本。这也是京东 211 限时达、次日达、极速达、夜间配等配送服务成功的保证，解决了配送时效问题，降低了配送成本，提升了买家的购物体验，同时也降低了配送慢、客户不满等导致退货的逆向物流成本。二是通过升级物流配送系统降低配送成本。为了降低配送成本，京东建立了"青龙"物流配送系统。在青龙系统中，相关配套技术的运用保证了配送的及时有效。京东建立终端系统，为每个分拣中心及配送站的工作人员配备 PDA[②]，进行运单数据采集及传输，在各个地方设立自提柜，并完善自提柜系统。在此基础上，建立运单系统快速收集运单信息，对 PDA 操作进行记录，使顾客可以全程查看货物物流信息。同时，外部系统还可以调用运单系统的信息。为了降低损耗、落实商品损坏责任，京东成立了质控平台，用于收集物流活动中的异常信息，质控人员根据这些信息落实责任。质控平台的建立有利于京东及时跟踪商品配送过程中的异常信息，降低商品损耗。京东还建立了 GIS 系统，以合理

---

① 郝瑶.B2C 电子商务企业物流成本控制——以京东商城为例 [J]. 财会通讯,2017(20):66-72.
② 个人数字助理（Personal Digital Assistant，PDA）是集电子记事本、便携式计算机和移动通信装置为一体的电子产品。

调度车辆、规划配送路线、引导配送路径、监控配送过程，同时可以使顾客实时追踪订单位置，为顾客自提或接收物品提供便利。这些系统的建立帮助京东自动分拣订单，使商品快速配送至顾客。

除此之外，京东还应加强与供应商的合作，构建健全的采购制度。电子商务行业发展日新月异，想以实惠的价格采购到更优质的商品就必须加强与供应商的合作。京东商城拥有良好的品牌形象和消费者口碑，销售覆盖面积大、渠道广，能够吸引更多的供应商。所以，在全方面了解供应商后，进行战略性选择并与其构建共赢的合作关系，可以降低价值链上的成本，以获得更高的资源利用率和企业间长远规划的双赢局面。

● 知识拓展 7.6

数智化社会供应链：京东的远见与野心

2020 年 5 月 19 日，是一年一度的京东老员工日，京东集团董事局主席兼首席执行官在内部信中宣布：京东的新使命是"技术为本，致力于更高效和可持续的世界"，同时对京东集团的战略定位更新为"以供应链为基础的技术与服务企业"。

彼时，对于这样的新战略定位，外界并没有一个清晰的认知。直到 2020 年 11 月 25 日的 JDDiscovery-2020 京东全球科技探索者大会上，京东首次对外系统性地阐述了京东将如何做一家以供应链为基础的技术与服务企业。面向未来十年，京东将要打造的是新一代基础设施——京东数智化社会供应链，即用数智化技术连接和优化社会生产、流通、服务的各个环节，降低社会成本、提高社会效率。

我们看到，2020 年特殊时期让人们生活的方方面面似乎都按下了暂停键，但这些反而加速了人们对数字化的认知以及数字化的进程。而深耕互联网零售行业十几年的京东，不仅早早拿到了数字化的"船票"，甚至很早就拥有了"造船"的能力。特殊时期坚定了京东

把技术对外开放的决心，也加快了对外开放技术的速度，以让更多的传统企业以更简单的方式领到数字化的"船票"。

京东方面透露，京东数智化社会供应链未来十年的长期目标包括三个方面：赋能实体经济，服务全球 15 亿消费者和近 1 000 万家企业；提升社会效率，带动客户库存周转天数降低 30%，推动社会物流成本占比降至 10% 以内；促进环境友好，2030 年京东集团碳排放量与 2019 年相比减少 50%，推进可持续的消费。

1. 数智化供应链是未来十年的新基建

"其实京东从成立的第一天开始，就在通过供应链解决产业效率和零售效率的问题。我们用产业互联网的思维，解决零售垂直行业的供应链效率问题。"京东集团首席战略官廖建文教授首次面向外界系统地梳理了是什么支撑了京东过去十几年的发展。廖建文指出，从农贸市场到百货商店、超市、便利店，再到各类型电子商务企业，无论前端的交易场景如何变化，零售业的本质是不变的，那就是如何以更高的效率将商品触达消费者，"对于零售行业来说，围绕成本、效率、体验的供应链是以不变应万变，这是第一性原理。"

回溯京东的成长历程，从 2004 年从线下转入线上，再到 2007 年开始自建物流。在廖建文看来，京东实际上在消费互联网时代一直在做产业互联网的事情，消费互联网主要解决的是交易效率的问题，而产业互联网需要解决的则是产业效率的问题。

在京东集团技术委员会主席、京东智联云总裁周伯文看来，京东不仅是一个互联网企业，更是率先真正把实体经济搬到互联网上的企业。京东是被互联网改造得最为彻底的企业之一，积累了先进技术与领先生态运营经验，是实体企业数智化转型的上佳实践。

"如果在上半场的时候，引领京东走到今天是基于我们的商品供应链和物流供应链，那么走到下半场的时候，我们要影响和改变的垂直行业就不仅仅是零售行业，还要改变其他行业。产业互联网意味着我们要构建一个新一代基础设施，这个新一代基础设施能支撑京东走过未来的十年。"廖建文表示。

2020年，京东集团的定位正式升级为"以供应链为基础的技术与服务企业"，这意味着京东已经将整个战略的原点由零售延伸到了其他相关行业。正是十几年在零售行业的深耕，让京东积累了雄厚的技术能力。"从最下层的技术后台物理层到最上层的行业与场景层，京东积累了全栈数智化技术、产品、服务体系。通过公有云IaaS、专有云IaaS等技术后台以及基础设施的加持，京东构建了深厚的技术实力。这些技术上升到Cloud OS、T-PaaS所在的技术+数据中台层，让京东不仅可以服务于内部场景，也可以支撑外部场景。"周伯文说道。

面对新的战略变化，京东也将从五个维度来构建新的零售基础设施。第一是"做宽"，也就是要构建"国内+国际"的供应链能力，既需要以全球的供应链来满足中国消费者的需求，同时中国的供应链也要满足全球消费者的需求；第二是"做深"，要从以前商品的供应链升级为"商品+服务"的供应链；第三是"做厚"，不仅要具备ToC的供应链能力，还要具备"ToC+ToB"双层的供应链能力；第四是"做长"，产业链效率的提升需要将京东已布局的营销、交易、仓储、配送、售后的后五个环节，向上延伸到创意、设计、研发、制造、定价的前五个环节；第五是"做虚"，需要将整个物流供应链条的每个阶段都实现场景的数据化、数据的网络化、网络的智能化。

"基于这五个维度，我们形成了一个新的供应链基础设施，称之为'数智化社会供应链'。"廖建文总结道，"数智化社会供应链意味着其不仅要具备数智化的特征，还要是全链路的、社会化的。"

向数智化社会供应链转型，是京东看到的未来十年。"因为到2030年，所有的企业都将成为技术企业。"周伯文表示，"到2030年，企业无论是自建技术，还是借助生态的力量，都离不开技术的加持，都将成为技术企业，以人工智能、大数据、云计算、物联网等技术为代表的产业数智化变革是当前最大的确定性和机遇。"

2. 四大企业级产品亮相

虽然一直到 2020 年 5 月，京东才正式对外公布新战略，但内部对开放京东的技术能力早已做着各项准备。在过去的几年中，京东将自身业务发展中积累的技术能力进行解耦，形成组件化、模块化的解决方案，通过一体化开放帮助客户与合作伙伴实现业务成长。

此次大会上，京东正式发布了四大企业级产品，分别是泛零售技术服务平台"零售云"、数字化供应链平台"京慧"、智能客服与营销平台"言犀"和市域治理现代化平台"仑灵"，全面助力产业数智化发展。这些产品将在零售、物流、金融、教育、政务等众多场景中落地。

京东集团副总裁、京东零售技术委员会负责人颜伟鹏在接受采访时透露了京东零售在技术上的创新方向：第一个方向是北极星商业操作系统的打造，计划把京东过去 15 年强大的业务能力和技术能力沉淀成操作系统；第二个方向是把沉淀后的操作系统在对内赋能的同时对外共享，帮助政企实现数字化转型；第三个方向是在对内、对外技术赋能的过程中不断降本增效。

"经过多年的全链路技术积累，京东零售对数智化有自己的洞察，我们认为技术驱动的数智化更具实践性。"在颜伟鹏看来，数智化的优势一是能够切实赋能业务，帮助业务快速上线，创造可量化的价值，真正将数智化成果可视化；二是具备韧性，通过可靠且具有高适配性的技术基座，让企业灵活应对快速变化的市场需求；三是能力的通用化，让企业最大限度地增加业务及商业模式的创新时间与空间。

零售云通过对技术、业务、数据、用户四大中台的能力通用化，将京东零售积淀多年的全链路技术及成熟方法论首次体系化对外输出，实现技术实施、运营流程、业务活动的全面标准化。

"这几个方向去年就确定下来了，目前来看成效非常好。"颜伟鹏表示，"整体体系都在向前滚动，我们已经掌握了一些方法去研究它有没有实现降本增效，而且已经有成功的案例，所以现在才敢比较踏实地对外公布。"

据介绍，京东零售沉淀的操作系统已经服务了包括金融、汽车等泛零售行业在内的一些企业。而且，京东零售还发布了面向产业带、传统零售的 SaaS 化解决方案"商羚 SaaS 商城"。商羚 SaaS 商城是为了解决中小企业面临需求变化快、流量获取贵、品质要求高、销路没有保障以及丰富营销很难玩转等经营难题而推出的 SaaS 化综合解决方案。

"我们不断地在'十节甘蔗'里面的各个环节渗透我们的能力。北极星商业操作系统会随着业务不断发展壮大，在对外赋能的过程中，操作系统也会越来越强大，新的功能沉淀下来之后也会反哺京东，提升京东整个操作系统的能力，形成非常好的双向飞轮效应。"不过颜伟鹏同时表示，"目前我们还处于比较初期的阶段，虽然有了一些客户，但把京东技术的方法论、运营的方法论、服务的方法论等对外赋能产品还需要更好地打磨。"

JDL 京东物流已经有数年对外开放的经历，JDL 京东物流科技是京东物流面对物流行业下半场竞争推出的全新品牌。目前，JDL 京东物流科技的科技产品覆盖了从园区、仓储、分拣，到运输、配送，供应链各个关键环节的智能产品，基于 5G、物联网、人工智能、智能硬件等关键技术，使物流各个环节具备自感知、自学习和自决策的能力，从而全面提升系统预测、决策和智能执行能力。JDL 京东物流科技通过供应链中台、数据算法中台和云仓、物流等供应链生态，以积木组装的方式，形成一体化智能供应链解决方案，为快消、电子制造、汽车、能源、工业品多个领域提供智能供应链服务。

在此基础上，JDL 京东物流科技已经形成了科技产品、解决方案和供应链生态三大板块，覆盖物流全链条、全场景。京东集团副总裁、JDL 京东物流智能供应链产业平台负责人王强指出，JDL 京东物流科技的发展路径是通过打造全链条科技产品，实现供应链节点数字化，涵盖采购、生产、仓储、运输、配送等；加速供应链服务升级，开创产业生态化；以供应链能力为核心，聚合行业资源，构建供应链履约生态。

3. 招揽全球高端技术人才

技术的发展离不开高精尖的人才支撑。颜伟鹏表示，京东零售希望通过技术沉淀和技术赋能的同时，打造出一支强大的研发团队。"我们做这些事情的时候对研发的要求很高，因为这是一个很难的事情，我们希望通过高标准、严要求促使整个京东研发体系能力大幅提升，让我们研发团队的战斗力以及人员的素质、能力能够得到提升，这样就会培养一大批人才。这些人才不只对京东长远的发展有好处，对整个社会的发展也具有好处的。"

值得注意的是，在 JDD 大会上，京东还正式成立了京东探索研究院。据悉，京东探索研究院将深耕"人工智能""量子计算""数据科学、工程与管理""去中心化计算""伦理道德""科学与艺术"等六大数智技术领域，从基础理论层面实现颠覆式创新，展示了京东探索前沿技术的决心与实力。京东探索研究院还将面向全球招募高端的人才，预计未来 3 年每个领域将至少有 3 位以上世界高端的科学家加盟，并鼓励青年科学家加入，致力于将他们培养成为未来行业的领军人物。

京东探索研究院还将着眼于加速技术成果在实际场景中的应用落地，以更好地服务实体经济发展。"京东探索研究院将坚持做有温度的技术，做符合人类价值观的技术，在世界舞台上展现一家中国科技公司的担当、风范。"周伯文举例说，"京东探索研究院的研究领域涵盖了诸如认知心理学等课题，例如对人们的冲动购物进行深层次研究，从而用技术手段引导人们理性消费，让'购物也有后悔药可吃'。"

第8章

>>

高新技术企业成本
分析与控制

扫码即可观看
本章微视频课程

高新技术企业的解读

20世纪中期，随着科学技术浪潮的掀起，人类进入知识经济时代。在这样的背景下，科技和知识开始成为决定经济发展的重要因素，以知识密集型为主的高新技术企业也逐渐成了国民经济发展的重要组成部分。我国对于高新技术企业的定义是：在《国家重点支持的高新技术领域》内，持续进行研究开发与技术成果转化，形成企业核心自主知识产权，并以此为基础开展经营活动，在中国境内（不包括港、澳、台地区）注册一年以上的居民企业。

高新技术企业的出现和发展，在我国经济转型的过程中起着重要的作用，推动了我国建设创新型国家的进程，此时创新发展也被提升到了一个新的战略高度。但是由于我国的高新技术企业在研发活动方面的投入和创新成果相对较少，因此在国际市场的竞争中处于不利的地位，竞争力较弱。尤其是近两年国际贸易局势紧张，我国部分高新技术企业受到了很大的冲击。主要原因在于，我国在核心技术领域主要依赖其他发达国家，当核心技术被限制进口后，短时间内很难找到替代品或者进行自主研发，所以目前高新技术企业的主要任务就是改变其战略发展模式，通过加大创新研发来实现核心技术的突破。

在当前的环境下，我国的高新技术行业还存在诸多问题，主要体现在以下方面。

1. 缺乏核心技术

我国高新技术企业在生产过程中所需的核心技术主要依赖进口，这直

接导致了部分高新技术企业受制于人、在关键技术领域被"卡脖子"。华
为是我国高新技术行业中的领军企业，在面对被美国限制进口生产手机、
计算机等所需要的芯片时，只能进一步减少产量，将旗下主攻中低端市场
的子品牌"荣耀"整体出售。可想而知，在核心技术被限制的情况下，我
国高新技术企业的处境有多艰难。因此，加大研发力度，掌握核心技术是
高新技术企业发展的重中之重。

2. 产业链水平较低

近些年我国高科技产品的出口额保持着增长的趋势，但是高新技术产
业依仍位于产业链末端。在出口产品中，很大一部分为产品零部件和附
件，高端产品和上游产品极少[①]。例如，我们所熟知的富士康与苹果公司
的 B/S[②] 商业模式，苹果公司提供芯片、中央处理器等核心原材料，富士
康代为加工，随后将组装成功的完整的电子设备卖回给苹果公司。在这个
过程中也可以看出，我国出口利润的主要来源是加工贸易，出口产品结构
单一，产业链水平较低。

3. 研发投入相对规模不足

产业研发投入强度是衡量一个国家和地区产业技术密集度和技术先
进性的重要指标。2010—2019 年我国高新技术产业研发费用总额情况如
表 8.1 所示。可以看出，近年来，我国高新技术企业研发投入逐渐增加，
但与部分发达国家相比，我国高新技术企业研发投入占 GDP 的比重较低。
因此，我国要加大研发投入，加快我国建立创新型国家的战略步伐。

---

① 曹琦. 新贸易保护主义背景下高新技术企业发展现状及路径探析 [J]. 中国市场，
2020(35)：69-71.
② B/S 是指客户在采购部分原材料后由其销售给发行人，由发行人进行加工制
造后再向客户销售产成品的一种业务模式。

表 8.1 2010—2019 年我国高新技术产业研发费用总额情况 [1]

单位：亿元

年份	研发费用总额
2010 年	968
2011 年	1 238
2012 年	1 492
2013 年	1 735
2014 年	1 923
2015 年	2 220
2016 年	2 438
2017 年	—
2018 年	2 913
2019 年	3 078

4. 研究人员较少

截至 2019 年，我国高新技术企业的数量达到了 218 544 家。部分国家或地区每百万人中研究人员数如表 8.2 所示。从表 8.2 可以看出，我国研究人员相对较少，与部分国家相比差距很大。研究人员是企业创新的核心，研究人员的缺失将直接影响到企业的创新发展。

表 8.2 部分国家或地区每百万人中研究人员数 [2]

国家或地区	每百万人中研究人员数（人）		
	2000 年	2010 年	2017 年
中国	538.6	884.6	1 224.8
日本	5 078.0	5 103.6	5 304.1
韩国	2 287.3	5 330.8	7 497.6

---

[1] 数据来源：国家统计局、国家发展和改革委员会、科学技术部编写，中国统计出版出版的《中国高技术产业统计年鉴》。

[2] 资料来源：世界银行 WDI 数据库。

国家或地区	每百万人中研究人员数（人）		
	2000 年	2010 年	2017 年
马来西亚	276.9	1 462.5	2 396.5
新加坡	4 128.4	6 241.9	6 802.5
加拿大	3 527.5	4 646.3	4 325.6
美国	3 496.4	3 885.1	4 412.4
法国	2 915.7	3 873.0	4 561.1
德国	3 168.0	4 058.0	5 076.5
意大利	1 166.1	1 743.3	2 313.7
荷兰	2 649.3	3 219.0	4 887.2
波兰	1 431.0	1 683.1	3 019.1
俄罗斯	3 459.0	3 081.1	2 821.5
西班牙	1 878.0	2 869.2	2 855.7
英国	2 894.5	4 043.3	4 341.2

● **知识拓展 8.1**

什么是高新技术

　　高技术一词最早源于美国，即"high-technology"，之后随着时间的推移和社会的发展，高技术逐渐演变为高新技术。由于高新技术中的"高"与"新"是一个相对的和动态的概念，会随着社会的发展不断发生变化，并且各国之间科技发展水平有所差异，因此对高新技术的定义也不尽相同。

　　美国学者认为，凡是在一项产品中知识和技术成本所占的比例远高于材料和劳动力的成本，那么就将其称为高技术产品。法国学者则是将高技术产业称为知识密集型产业。在日本，高技术主要是指以当代或者下一代高端科学技术为基础建立起来的技术群，主要有计算机、微电子、通信、软件以及生物技术等。

我国对高新技术的定义为：建立在综合科学研究基础上，处在当代科技前沿，对促进社会文明、发展生产力和增强国家实力起先导作用的新技术群。该定义也将一般性新技术包括在高新技术中。

那么高新技术中的"高"与"新"指什么呢？

高新技术是以当前最新的发明或者发现为基础，投入知识、研发等，可以引起社会生产和生活方式变革的技术或技术群。因此，通常在界定高新技术时需要考虑的因素有三个：一是技术性，即所谓的"高"，一定要是当今前沿技术或者高端技术；二是新兴性，即应是近年来兴起的和应用的技术；三是经济性，即要有广阔的市场和良好的前景，能够促进社会经济的发展。

● **知识拓展 8.2**

高新技术企业的特征

高新技术企业建立在当代最前沿科技的基础上，与传统企业相比有很大的区别。高新技术企业的主要特征有以下三点。

1. 高技术、高投入

知识密集、技术密集以及研发费用密集是高新技术企业的典型特征。高新技术是尖端技术领域，产品研发与企业的可持续发展有着密不可分的联系。因此高新技术企业需要投入大量的高端技术人才、资金及设备等，在现有的技术知识的基础上，不断地进行技术创新，实现核心技术的突破，以此来获得领先竞争对手的优势，实现更高的产品附加值收益。

2. 高成长、短周期

高新技术企业凭借技术的优势，能够在满足市场需求的情况下，快速占领新的市场，创造发展机遇，且在较短的时间内得到快速发展。但是在科技和信息传播速度如此之快的今天，高新技术企业面对的市场也在不断变化，企业之间的竞争也日益激烈，不断地研发新产品，加快了产品更新换代的速度，缩短了产品的生命周期。

3.高风险、高收益

高新技术处于当代科技前沿，具有超前性，研发过程的不确定性很大。企业不但要面临是否能够研发成功以及市场能否接受的风险，还要考虑在研发出新产品后，同行业中是否存在更具竞争优势的同类产品，或更加先进的新型产品。高风险带来的则是高收益，产品一旦研发成功，可能会产生成本优势或差异化优势，从而给企业带来更高的经济效益。

高新技术企业与传统企业的比较如表8.3所示。

表8.3　高新技术企业与传统企业的比较

项目	传统企业	高新技术企业
科技人员比例	低	高
员工文化程度	低	高
产品生命周期	长	短
产品技术含量	低	高
产品创新性	低	高
产品附加值	较低	高
研发资金投入	低	高
技术风险	低	高
投资风险	低	高
市场风险	一般	高
资金利润率	一般	高
行业环境	较稳定	复杂多变
关键资源	土地、劳动力、资本	人力资本、知识资本
市场需求	稳定	变化较快
战略目标	低成本	技术创新
组织结构	金字塔、刚性	扁平化、柔性
组织文化	强调规则和服从	创新、合作、学习、共享

高新技术企业的竞争战略选择

之前大多数高新技术企业将战略重点放在成本领先这一方面。例如，小米公司的一系列产品都采用直销的销售模式，消费者可以直接从官方网站订货，未采用代理商代销的方式，从而减少了代理商这一环节的成本。小米公司在设计手机时，将不必要的硬件和功能直接去掉，采用低成本的注塑工艺和框架结构；同时将生产和硬件的研发外包给其他公司，减少了购买及维修机器和研发硬件所要耗费的高额费用，发挥了产品的价格优势。对价格敏感的消费者来说，购买小米公司的产品是一个非常好的选择，这也进一步加强了小米公司的市场竞争力。

但是在高新技术领域，产品更新换代的速度较快，企业为了迎合市场的需求，需要不断投入大量资金来研发新的产品，因此成本领先战略并不能够给企业带来持续性的竞争优势。而且伴随着市场竞争的日益激烈，企业所面临的产品同质化的问题越来越严重，大多数产品在核心零部件上并没有区别，因此不少企业会在产品的颜色上大做文章。并且连市场营销手段也大都相同，比如邀请当红明星代言，通过明星庞大的粉丝群体来增加产品的销售量。

在这样的背景下，高新技术企业需要在做好成本控制的同时，采取差异化战略，为消费者提供与其他企业不同的产品或者服务，增强自身的竞争力。

还是以小米公司为例，其差异化战略如下。第一，在客户服务方面的差异化。在其他品牌的手机通过设置权限，防止用户私自更改系统而产生一系列售后服务费用时，小米公司却与其相反，不仅没有设置权限，还允许用户随意更换系统，为用户提供了便利，满足其多元化的需求。并且为手机用户制定了专门的操作系统和免费通信软件，提供了一系列的网上交流平台，方便用户之间的沟通和交流。对于手机用户所反映的问题和意见，小米公司也会定期查看，并根据手机用户提出的部分意见来修改产品的设计，这也是行业其他竞争者没有做到的一点，由此为该公司树立了良好的差异化的形象。

第二，在技术研发方面的差异化。目前的国产手机还没有完全实现技术自主化，很多依然采用零部件组装的方式，小米公司也存在同样的情况。然而面对行业竞争不断加大的现状，小米公司也在不断探寻着核心的技术。2014 年 11 月，大唐电信下属全资子公司与北京松果电子签署合同，将其拥有的 SDR[①]1860 平台技术授权北京松果电子。北京松果电子作为小米公司下属全资子公司，从成立至今专注于处理器的研发，并于 2017 年 2 月 28 日推出了自行研制的处理器"澎湃 S1"。而这款新型处理器，仅历时 28 个月，就完成了手机的适配并达到大规模量产。尽管"澎湃 S1"现在的性能还无法真实预知，但可以预见，未来小米公司将会在技术研发方面投入更多，会更注重技术创新性和自主性。

在这个经济全球化的时代，国际市场的竞争已经不单单是产品和技术的竞争，技术标准也开始已成为新的竞争点[②]。发达国家对技术标准战略在高新技术领域的运用尤为看重，其认为掌握了核心技术就相当于成为该行业的领导者，主导着该行业的发展方向。这样一来，发达国家的高新技术企业都着眼于企业标准的建立，特别是将技术标准战略作为企业标准战略的核心，将标准与知识产权相结合。各国政府也相继出台了相关政策，以支持企业在技术标准[③]上的竞争。因此，高新技术企业应该加大创新研发力度，掌握核心专利技术，争做技术领先型企业，让企业处于产业链的顶端，创造更高额的利润。

我国自 2002 年开始对国家标准化战略的工作进行研究，此后也发布了一系列与企业标准化相关的国家标准[④]，使得我国能够更好地跟上全球发展

---

① 软件定义的无线电（Software Defination Radio，SDR），通信术语，是一种无线电广播通信技术。
② 宋禹飞,李俊超,周育忠,等.国外高新技术企业制定实施技术标准战略经验研究 [J].标准科学,2018(10):50-53.
③ 技术标准是对标准化领域中需要协调统一的技术事项所制定的标准。
④ 安佰生.WTO 与国家标准化战略 [M].北京：中国商务出版社,2005.

的步伐，增强在国际上的竞争力。企业是标准化的主体，在实施标准化战略的同时可以推动产业的进一步升级，从而获得竞争优势，增强其在国际上的竞争力，这也是新形势下标准化成为国家战略的必然要求[①]。单个企业与国家的关系是个体与整体的关系，因此只有企业的标准战略成功实现后，国家整体的标准战略才能够更好地推进。企业若是想实施标准战略，就需要外部（国家标准化战略）的支持，国家标准化战略旨在为企业提供所需的理论指导及帮扶政策等。

那技术标准战略又是什么呢？

所谓的技术标准战略，是指组织在技术竞争和市场竞争中将自身建立的技术标准进行推广以实现利益最大化的一种策略。

要实施技术标准战略，需要了解以下四点：一是在实施此战略的过程中要将技术标准作为核心对象；二是要树立顾客价值最大化的追求目标，充分了解顾客的需求；三是制定主要战略，即致力于将企业技术发展成为行业的主要标准甚至是唯一标准；四是要通过制定行业标准和建立用户安装基础来获取竞争优势。

实施技术标准战略的基本步骤为：技术专利化—专利标准化—标准许可化。

第一步，实现"技术专利化"。即企业自身或者企业之间进行联盟，将专利进行技术性创新，从而形成专利技术。这是实施技术标准战略的基础。而知识产权属于私有财产和权利，未经产权持有者授权不得使用，具有排他性，此时技术就成为权利人可自由支配的产权，未经允许，他人不能擅自使用，从未达到技术专利化的目的。

第二步，实现"专利标准化"。即企业将已形成的专利归入技术标准，形成新的技术进入壁垒。这是实施技术标准战略的关键。将技术专利化后，企业在制定与该项技术相关的标准时，都将涉及此项专利技术，将专利技术纳入标准后，就实现了"专利标准化"。

例如，企业在实现专利标准化时，可以先利用企业本身的技术实力来制定

① 刘智洋，高燕，邵姗姗. 实施国家标准化战略推动中国标准走出去 [J]. 中国标准化，2017(11):56-61.

企业标准，之后通过授权其他企业等使用该专利技术，达到扩大用户基数的目的，进一步将企业标准转化为行业标准；或者与行业中的竞争对手实行技术联盟，建立一致的技术标准，形成技术垄断的优势，从而制定统一的行业标准。

第三步，实现"标准许可化"。即通过对技术标准所含专利技术的使用许可获得经济利益和竞争优势。这是实施技术标准战略的最终目标。当某项先进的技术中包含该专利，而其他企业若不运用该专利就生产不出符合市场标准的产品时，此时该专利的持有者在行业中就处于垄断地位。

● **知识拓展 8.3**

高新技术企业的类型

企业技术标准战略可以从领先和范围这两个维度进行划分，具体可分为技术领先战略、市场缝隙战略、跟随战略和技术合理化战略[①]。因此可以根据高新技术企业的技术能力和市场地位，将高新技术企业分为 4 类，分别为技术领先企业、市场缝隙企业、跟随企业和技术合理化企业，如图 8.1 所示。

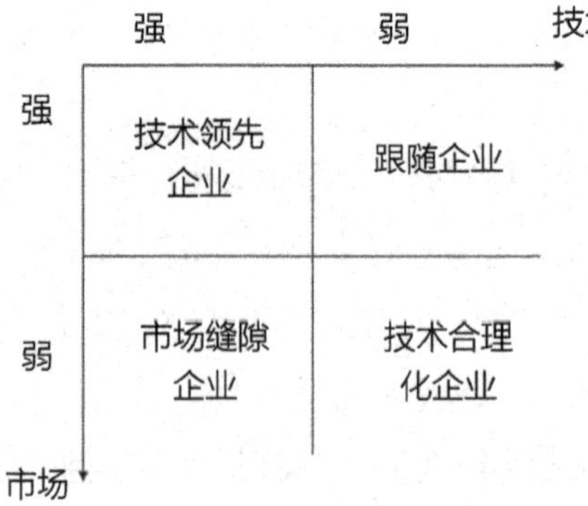

图 8.1 高新技术企业的类型

———————————

① 纳雷安安.技术战略与创新 [M].程源，译.北京：电子工业出版社,2002.

技术领先企业：通过技术开发和利用，建立和保持在该领域所有技术竞争的市场主导地位的企业。

市场缝隙企业：通过抓住关键技术来获得领先的企业。技术开发是有选择的，企业可利用技术力量来开发特定技术以创造竞争优势。

跟随企业：自身不进行技术开发，只是保持较大范围内技术适用性的企业。这种企业的重点在于应用，技术开发不是获取竞争优势的主要途径，虽然可以避免基础研究所带来的风险，但是容易受制于技术提供者。

技术合理化企业：自身不进行技术开发，保持选定范围内技术适用性的企业。这种企业与跟随企业一样，虽然可以规避技术创新带来的风险，但是同样容易受制于技术提供者。

高新技术企业技术能力不同、所处市场地位不同，对标准和标准化的需求亦不同，因此不同的企业会有不同的技术标准战略。

● **知识拓展 8.4**

直销是什么

直销的英文是 Direct Sale，又有种说法叫"无店铺销售"。直销是一个被广泛讨论，但是常被误解的主题。虽然直销可说是人类最早的商业配销方式，但是直销并没有被人很好地了解。有一些学者曾经对直销下过定义，但是大部分都含糊不清，没有把直销的真正特性表现出来。在美国研究直销最有名的两位学者是美国得克萨斯大学奥斯汀分校的彼德森（Robert A. Peterson）教授和美国圣地亚哥州立大学的沃特巴（Thomas R.Wotruba）教授。他们两位对直销研究发表的论文最多，也最被重视。他们在 1996 年发表的一篇论文中讨论直销的定义，对直销下了一个简单但贴切的定义"直销是一种没有在固定零售点进行的面对面销售。这个定义和美国直销教育基金会（Direct

Selling Education Foundation）于 1992 年的定义"直销是一种透过人员接触（销售员对购买者），不在固定商业地点，主要在家里进行的消费性产品或服务的配销方式"很相似，不过后者更强调消费性与配销方式。

直销定义中有两个要点：面对面销售与不在固定零售点销售。面对面销售可以让我们了解直销是一种两个人面对面沟通的过程，这种面对面的人员销售特性是直销和直效行销的主要区别。直效行销采用邮寄、电话/电视行销、直接响应广告或最近兴起的网络行销等方式来销售产品或服务，没有人员面对面的接触。而不在固定零售点销售的特性使直销有别于一般零售店的销售，因此直销也是一种无店铺的零售方式。

与其他行销方法比较，直销有许多优点，比较重要的有：首先，它不受时间与空间的限制，随消费者与直销商的方便，在任何时刻、地点都可进行；其次，信息的品质和数量，经由面对面的沟通，所有的感官，如听觉、视觉、嗅觉和触觉都可以应用，同时消费者可以说明自己的需求，由直销商针对消费者的需求提供产品或服务的信息，使消费者对产品或服务有充分的了解。

因此从活动的角度来看，直销充分应用了关系行销的理念。一个成功的直销商必须学会如何和顾客建立长久的关系，借由现有顾客不断重复购买，来维持稳定的业绩。

高新技术企业的成本分析研究

与传统企业相比，高新技术企业具有风险高、投入大及成长快等特点，因此注重对成本的管理在高新技术企业的发展过程中也就显得尤其重要。

高新技术企业在生产经营过程中会面临着来自行业、政府部门、宏观环境等外部压力，同时还会有员工、企业管理者、股东等内部压力。企业加强成本管理，有助于在市场的同类产品竞争中具备价格优势，以提高企业在激烈的竞争环境中抵御风险的能力。

企业进行成本分析时会涉及许多重要的指标，借助这些指标可以了解企业在产品生产过程中的每个环节的消耗，以便企业更好地对产品成本进行控制，在保证产品质量的情况下更好地提高经济效益。

高新技术企业的出现和发展，为我们的生活带来了无限的可能。我们可以使用计算机处理公务，可以驾驶新能源汽车，可以探索地球之外的未知事物。在这些变化出现的同时，我们要分析成本管理在高新技术企业出现后的变化。高新技术企业与传统工业企业的成本管理相比，在以下五个方面存在差异。

1. 成本管理理念不同

高新技术企业成本管理理念主要是创新，而传统工业企业成本管理理念主要是控制[①]。高新技术企业会投入大量的人力、物力及财力等，目的是成功研发或是突破某项新的技术或新的产品，进一步在市场竞争中获得领先

---

① 姚虹宇．高新技术企业成本管理问题分析 [J]．经济研究导刊，2016(14)：124-125.

地位，提高企业的投资回报率。企业通常会选择差异化战略或集中化战略，以发挥产品在技术方面的优势，因此高新技术企业成本分析应该重视价值工程分析、相关分析和预警分析。传统工业企业成本管理理念主要是控制，会根据企业的经营目标和经济效益的要求，对所需资金进行提前预算，确定控制标准，之后将实际发生的资金耗费与控制标准进行差异分析，找出问题所在，采取解决措施，旨在实现企业经济效益的目标。在这样的情况下，企业就会选择低成本战略，通过降低产品成本来获得相应的竞争优势，因而在传统工业企业中，成本管理占有重要的战略地位。

2. 对成本形态核算与控制的需求不同

传统工业企业更加注重对制造成本的核算与控制，主要是因为在企业采购及生产的一系列过程中，制造费用的占比很高，其地位举足轻重，传统工业企业在决策时所需的成本形态也主要表现为制造成本。在高新技术企业中，研发成本的比重要远高于制造成本，所以对制造成本的要求较低。

传统工业企业对生命周期成本、质量成本及人力资源成本方面的核算与控制需求相对较弱。而高新技术企业由于产品更新换代速度快，并需要在研发上投入人力、财力等，所以会更加注重在生命周期成本、人力资源成本方面的核算与控制[1]。

3. 对成本信息质量的要求不同

成本信息质量的特征具体表现为准确性、完整性和及时性，高新技术企业和传统工业企业对成本信息质量的要求也不同[2]。传统工业企业成本信息的准确性是指在对成本进行归集分配时要采用特定的成本计算方法以及费用分配标准。完整性是指将在会计期间和生产过程中所发生的各项费用

---

① 黄慧萍. 高新技术企业成本管理特点探析 [J]. 财会通讯,2014(14):101-102.
② 张英姿. 高新技术企业成本管理特点及管理措施 [J]. 时代经贸,2019(11):49-50.

按规定的成本项目归集，随后向不同的成本对象进行分配，不可遗漏。及时性是指按时根据所规定的时间报告成本信息。做到以上三点，传统工业企业的成本信息质量就是符合标准的。

而对于高新技术企业，成本信息准确性不但要包括计算程序以及结果，还要考虑分配标准的合理性。完整性中要有供应和制造的过程，也要有研发、销售以及售后服务等过程。对于成本信息的报告不只要做到按月报告，还需根据决策需要不定期报出[①]。所以对于高新技术企业来说，仅通过得到规范的成本信息来对产品进行合理定价是远远不够的，其对成本信息质量的要求会更高。

4. 成本费用的管理重点和方式不同

高新技术企业的成本费用通常是制造成本低、期间费用高，而期间费用高的原因主要是研发费用和销售费用高。因此，高新技术企业对成本费用的管理重心要转移到研发环节和技术服务环节[②]，并且研发费用与销售费用是否能够合理使用，能在一定程度上决定高新技术企业的整体竞争实力。由于研发过程具有很大的不确定性，因此对成本动因和成本费用发生的规律进行分析会更加困难。所以高新技术企业在对成本费用进行管理时，会更加偏向于员工行为管理，而不是在设备改善和制定严格的管理制度方面下功夫，能够增强企业竞争力的花费要予以批准和支持，不必要的花费则要严格限制。

在传统工业企业的成本费用中，制造成本会偏高、期间费用则较低，因此企业会更加注重对制造成本的控制[③]。传统工业企业主要采用标准成本法、目标成本法和费用预算管理（包括零基预算与弹性预算）对成本费用进行相应的管理。虽然会有不确定因素的出现，但所耗费资金和产生的回报这二者

---

① 王凤珍. 高新技术企业成本管理特点探析 [J]. 财经界 ,2020(05):28-29.
② 姚虹宇. 高新技术企业成本管理问题分析 [J]. 经济研究导刊 ,2016(14):124-125.
③ 曹琴. 高新技术企业成本管理特点及管理措施 [J]. 大众投资指南 ,2018(12):113-
115.

之间的关系还是比较容易分析的。因此企业可以通过分析成本形成的原因及其规律来使其标准和预算等与实际情况趋同，促进企业的良性发展。

5. 降低成本费用的主要途径不同

高新技术企业降低成本费用的主要途径有四条。第一，注重企业的研发管理，对产品进行价值工程分析、优化设计部件结构和加工工艺，提高最初所设计出的产品的合理性，从而减少因后续的修改设计等产生的损失。第二，更加精准地把控和预测产品市场信息，对所需要的生产物料进行合理管理，尽可能避免出现物料供应不合理而导致库存积压或停工待料的情况。第三，建立企业内部信息沟通渠道以及求助支援系统，在加强部门之间联系的同时加快信息的传递，提高对顾客需求的回应能力；充分合理地利用销售平台，增加产品的销售收入，尽可能降低单位产品固定成本。第四，通过建立激励的机制，更好地对企业的成本进行管理。

传统工业企业降低成本费用的主要途径有三条。第一，通过技术革新与技术改造降低生产过程中的消耗，同时对所投资的项目实施严格的预算控制。第二，建立健全各项规章制度，在监督和激励下增加效益。第三，通过扩大企业经营规模来降低单位产品费用，以实现规模经济效益[1]。

从以上比较可以看出，高新技术企业更加看重对研发成本的管理，而传统工业企业则更加注重对制造成本的管理。

企业的价值创造是通过一系列活动产生的，这些活动可分为基本活动和辅助活动两类。这些互不相同但又相互关联的生产经营活动，构成了创造价值的动态过程，即价值链。价值链主要包括企业内部价值链、行业价值链、竞争对手价值链三部分[2]。以下将从这三个方面的生产经营活动来对小米公司所产生的成本进行分析。

---

① 田梅安. 高新技术企业成本管理特点探析 [J]. 现代商贸工业,2013,25(17):115–116.

② 波特. 竞争优势 [M]. 陈小悦，译. 北京：华夏出版社，1997.

1. 企业内部价值链

一般而言，企业内部价值链活动分为基本活动和辅助活动，各活动之间环环相扣，都会对成本效益产生一定的影响。因此，企业可以通过对内部价值链的分析来减少不能为企业带来经济效益的环节以及不必要的成本。

企业的基本活动有原材料采购、生产制造、宣传营销和售后服务等，辅助活动包括企业管理、研发设计、人事管理和仓储运输等。

为进一步加强对成本的管理和控制，小米公司将内部价值链作为基础，从各个环节入手进行全方位的成本管控，要求通过降低各个经营环节的资源耗费来达到降低成本的目标。小米公司内部为此还专门制定了一项规定，即总的运营成本不得超过销售额的 5%。

小米公司意识到研发环节属于价值链上的增值环节，为此投入了大量的资金来组建研发团队，积极开展研发工作，并且持续不断地加大研发成本，达到了很好的效果。随着创新能力的不断提高，公司的专利申请量和储备量也一直在增加。考虑到公司的长远发展，小米公司在研发环节并不能盲目地降低成本。小米公司可以采用目标成本法，在产品设计的过程中分析其是否具有可行性，将不精通的项目外包，将研发重心放在具有增值效益的环节；也可以选择与竞争对手合作来研发新的产品，这可在一定程度上减少研发成本，并且可以进一步降低研发失败所带来的风险。

在生产制造环节，小米公司选择了"业务外包"的方式，并且为小米公司代工的工厂大多数都位于东部沿海地区。为保证代工厂所生产的产品的质量，小米公司还专门成立了质量监督委员会，其主要的工作就是定期召开会议，考察代工厂，在监督整个生产过程的同时，给代工厂的生产人员提供改进质量的意见、方法和一定程度上的技术支持，进一步减少生产过程中产生的残次品，避免造成不必要的损失和资源浪费。

在销售环节，小米公司经营初期并未进行广告投放，主要通过建立良好的口碑来进行销售。在销售方式方面，充分利用网络营销与第三方物流，通过小米官方商城、天猫和京东旗舰店直接向消费者出售产品；在网络直销后的物流环节，小米公司选择与顺丰、EMS 等速度较快、口碑较好的第三方物流公司合作，以降低配送环节的出错率，提高消费者的满意度。

2. 行业价值链

智能手机的生产与销售是小米公司的主要经营业务之一，该行业的上游是原材料供应商，小米公司属于中游，下游则是手机经销商，行业价值链终端是消费者。但是因为小米公司主要靠网络直销销售产品，所以其在经销商这一环节成本极低。因此，对于小米公司来说，上游供应商价值链成本是行业价值链成本的主要组成部分。

手机属于精密的电子产品，与其相关的上游供应商，也就是手机原配件的生产商相对较少。当产品存在利润空间较大的情况时，供应商的报价也会发生变化，因此小米公司在选择上游供应商时会对其进行对比分析，从而选出报价最低的供应商。小米公司合作的生产材料供应商一直都比较稳定，但手机电池的供应商几乎每年都在变化，并未与其签署长期协议。因此小米公司可以挑选一家或者数家相对比较稳定的供应商，签署长期合作协议，通过建立良好的合作关系，达到让价格优势更加稳定的目的。

小米手机价值链终端是消费者，而且对消费者的定位主要是二三线城市的消费者，因为公司认为这些消费者在购买电子产品时更加看重性能及价格。但是近几年售后服务也成了影响消费者选择的主要因素之一。小米公司的售后服务点主要分布于一线城市，这在一定程度上造成了二三线城市消费者的流失。小米公司可以考虑在二三线城市增加一部分售后服务点，让消费者更加方便地解决所遇到的问题，保证产品的售后服务质量。

3. 竞争对手价值链

相较于同等层次的竞争对手来说，小米公司在价格方面有一定的优势，但是售后服务环节还有所欠缺。在面对像苹果公司这类较为强劲的竞争对手时，小米公司处于劣势地位，在短时间内无法超越；并且更低成本的其他品牌手机发展迅速，这会对小米公司在行业中所占的市场份额及地位造成较大的冲击。因此在当前情况下，小米公司需要做的就是通过充分地了解竞争对手来制定更好的竞争战略。

通过分析小米公司的生产经营活动，我们可以看出小米公司研发成本难以控制，人力和物流成本较高，供应商关系不稳定。

（1）研发成本难以控制

手机作为电子产品，主要的特点就是更新速度较快、研发周期短，企业必须在同类产品推出之前将自身产品投入市场。这就对研发人员在不断提高手机的更新速度和缩短研发周期方面提出了更高的要求。但是在手机上市后市场上是否会出现更好的产品，具有不确定性。不确定性可能会造成产品在进入市场前或者进入市场后就被竞争对手的产品淘汰，因此产品的研发成本难以控制。

（2）人力及物流成本较高

小米公司所合作的代工厂大都位于东部沿海地区，因此人力成本即代工费用较高。同时，在仓库或物流中心向各地发货时，小米公司会选择和顺丰、EMS 等物流公司合作，这些都属于收费较高的物流公司，由其运输，费用较高。所以，小米公司可以通过改变当下的运输方式，以及寻找成本相对较低的代工厂来减少这两个环节的成本费用。

（3）供应商关系不稳定

小米公司在挑选手机电池的供应商时，并未与其签署长期协议。这样一来，容易导致合作供应商的波动，一旦市场中出现了原材料短缺的情况，而公司的库存又不足时，公司很容易陷入生产危机，影响公司内部的稳定性。

● **知识拓展 8.5**

高新技术企业主要的成本分析方法

高新技术企业所运用的成本分析方法主要有价值工程分析、相关分析和预警分析这三种。

价值工程分析是利用产品成本结构与产品功能结构的比值关系来

寻找降低成本、提高成本效能的途径，从而改进产品或工艺设计的有效方法。

相关分析是利用成本费用指标与其他经济指标之间的联系，来分析成本费用指标对其他经济指标的影响，以期通过增减成本费用，来改善该项经济指标的状态的方法。

预警分析是通过对控制指标设置预警线（红线）来进行成本分析的方法。预警分为绝对预警和相对预警。绝对预警的红线就是由盈亏临界点所决定的成本费用开支水平。相对预警的红线有两种，一种是纵比红线，一种是横比红线。纵比红线可以以本企业成本费用指标的历史水平为标准设置，横比红线则要以竞争对手水平或行业水平为标准设置。

以竞争战略为基础的成本控制

正如前文所述，与传统工业企业不同的是，高新技术企业的产品更新换代的速度会更快，并且同类产品之间的竞争也异常激烈，也许两家企业发布新产品的时间只有一天之隔，但是对企业的影响大不相同。因此，如何做出与众不同的产品也就成了各企业追求的目标。高新技术企业纷纷开始采用适合自身的差异化战略发展模式，差异主要体现在研发技术方面，相应的成本管理重点也随之改变，而研发支出和人力资源成了管理的重点。

以下以小米公司为例，对高新技术企业的成本控制进行分析。

1. 成本管理重点转移

高新技术企业发展主要依赖于产品的创新，企业在研发这一阶段会投入大量的资金，因而高新技术企业的成本管理应该着重于研发这一方向，对该部分的费用进行合理的管理，减少无效的花费。

小米公司深知技术的研发是市场竞争的关键，因此加大了在研发阶段的成本支出，更加注重对研发支出的管理。小米公司更是直接采用厂商研发的机型，这在一定程度上减少了研发所需的高昂成本。

在研发阶段，小米公司会尽可能减少不必要的成本支出，会在自己熟悉的领域进行积极尝试。对于不确定能否成功研发的产品，小米公司会采取保密的方式，尽量减少对公司的负面影响。小米公司会将生产研发的产品，先进行少量生产，随后投入市场中，充分了解消费者的反馈意见，然后评估其研发价值，在确定继续开发该产品后，会有专人负责监控该产品的各个具体环节和流程。小米公司注重各部门之间的交流和沟通，保证产品能够按照预定的时间准时上市，以此来减少研发成本难以控制对公司的影响。

在研发阶段，小米公司也实施了严格的成本控制，会将以往年度的数据进行对比，控制研发阶段的预算，避免出现过度增长。小米公司会从年度预算、月度控制和项目周期三个方面进行规划，最大限度降低年度预算超支的风险。

2. 人力资源成为成本控制的战略重点

与传统工业企业不同的是，高新技术企业出于研发创新的需要，对人才的需求程度更高，并且高新技术企业员工的文化程度也相对更高一些。因此，高新技术企业认识到了人才与知识的重要性，加大了对人才的管理和投资。传统工业企业所使用的成本控制方法已经不再适用于高新技术企业。在一定程度上高新技术企业打破了传统的成本管理战略，逐渐转变了成本管理方向，人力资源管理也开始成为成本管理的战略重点[①]。高新技术企业在评价成本管理方案时要全面考虑各种因素，不能只分析财务指标，也要考虑员工归属感以及顾客的满意度等一系列非财务指标。

小米公司有一套完善的入职培训体系，在员工入职时对其进行约一周的培训，同时确保培训工作的实用性与规范性，以提高员工后期的工作效率，降低在育人环节的成本投入。在正式入职时，员工可以选择想尝试或者更感兴趣的岗位，并不一定是最初所应聘的岗位，给予了员工极大的尊重。在薪酬和福利方面，小米公司所提供的待遇也是一般公司所不可比拟的。比如有免费的水果，可乐只要一元，设计研发部门的年终奖为 8 个月的工资等。小米公司采用了扁平化的管理模式，这在一定程度上提升了员工的归属感和满足感，提高了员工的忠诚度。

---

① 黄慧萍.高新技术企业成本管理特点探析 [J].财会通讯,2014(14):101-102.

小米公司实行扁平化管理[①]，鼓励员工抱着实现自我价值和学习的态度来工作，其管理制度是：没有关键绩效指标（Key Performance Indicator，KPI），没有等级之分，只有工资的区别，只有一个老板＋总监＋组长＋"小兵"。小米公司没有等级鲜明的上下级制度，员工只要有好的想法，就可以提出，公司会尽力实现。这样自由的氛围，增加了员工工作的积极性和热情。

3. 运用更加先进的成本控制手段及方法

许多高新技术企业开始在成本管理工作中引入当下先进的技术，并在已有手段及方法的基础上，结合企业本身的情况进行改进，以寻找合适的成本管理手段及方法，极大地提高了企业成本管理的质量。

小米公司在售后服务阶段，运用客户关系管理系统，对客户的详细信息进行记录和分类，并结合计算机系统，使客户有更便捷的渠道反馈问题。系统可以自动生成记录表格以便维修产品，这样既提高了售后服务的效率又降低了售后服务的成本。

4. 构建全面的成本管理体系

高新技术企业的高收益、高风险、投入大、竞争激烈等特点，决定了其在开展成本管理工作时需要对预测、决策、分析、计划以及评价等各个环节有清晰的认识，因此需要构建全面成本管理体系，在事前、事中、事后都要进行成本管理，将企业成本管理工作中可能出现的风险降到最低。

小米公司构建了从研发到售后服务的完整的成本管理体系，组织各部门积极开展成本管理的各项工作。小米公司将内外部价值链的环节结合起来，运用先进的管理系统对公司的整个流程进行优化，保证公司具备长期稳定的竞争优势，同时减少不必要的环节，把成本管理的效果发挥到最大，

---

① "扁平化"管理是相对于"等级式"管理的一种管理模式。它较好地解决了等级式管理的"层次重叠、冗员多、组织机构运转效率低下"等弊端，加快了信息流通速度，提高了决策效率。

以达到降低成本、提升市场竞争力的目的。

（1）研发阶段

小米公司在研发阶段会开展市场调研工作，对市场信息进行收集、整理和分析，掌握市场中同类产品的情况，确定目标成本并且与以往的数据进行比较，找出目标成本与预算成本的差异，结合自身条件，制定相应战略，避免浪费。

（2）采购阶段

在采购阶段，小米公司会运用分类采购法，即当一种产品需要采购多种材料时，根据材料的重要性和采购难易程度区别采购。如果运用相同的采购方法，可能会出现部分材料未得到重视和比较难采购而不能及时提供的情况。小米公司采用分类采购法，对材料的重要性进行合理的划分，制定不同的采购策略，保证了材料的采购可以按时完成。

在采购数量控制方面，由总负责人负责，经过与供应商的多次沟通，彼此建立信任关系，实现了随用随买的目的，解决了与供应商关系不稳定的问题。

小米公司会采取绩效考核法，将采购环节的后续成本支出作为采购部门的绩效考核评价指标，避免采购人员为其业绩而选择品质差但价格低的材料，从而对产品及公司造成负面的影响。

（3）生产阶段

生产阶段是高新技术企业必须严格管控的环节，小米公司对生产阶段的成本控制主要如下。

产品的制造工艺越好，其生产成本也会越高，所以高新技术企业往往会在保证产品质量的同时选择成本较低的配件和制造工艺。小米公司为了降低成本，采用了业内成本最低的注塑工艺，在保证产品技术标准的前提下使用低成本的配件进行生产。

之前小米公司没有自己的生产工厂，而是将生产业务外包给各大代工厂。小米公司在通过对代工厂的指标进行分析后，筛选出稳定的代工厂，并与其建立了战略合作关系，同时向代工厂进行投资，助力其生产设备的升级，以保持稳定的合作关系。

随着 5G 时代的到来，小米公司开始着手建设未来工厂。未来工厂的主要任务是研发和生产手机，在大规模运用自动化的生产线、大数据等技术后，可达到每分钟生产 60 台智能手机的速度。该工厂第一期的设计产能预计为 100 万台，可以进一步缓解该公司所面临的代工厂人工成本逐渐增加的问题。

（4）销售阶段

销售阶段的成本包括市场调研、定价、物流等成本。在销售环节，小米公司采用了全面预算体系，主要采用营销成本销售额分析和标杆法。

小米公司通过采取市场调查等手段分析促销、销售人员比例及广告投入等因素对销售额的影响，同时运用标杆法，以业界销售效果最好的企业作为标杆，通过分析其销售环节的各项措施和成本管理，结合自身情况制定和调整销售方案，以达到更好地控制销售环节成本的目的。

小米公司主要采用论坛式的销售策略，并未采用以广告代言为主的营销策略，通过在各大论坛宣传达到产品营销的目的。这样一来减少了高额的广告费用支出，降低了销售费用，而且依靠互联网销售平台进行销售，没有代理商赚取差额，保证了产品的最低价格，具备价格优势。

小米公司与顺丰、EMS 等物流公司建立长期稳定的合作关系，而且随着小米手机市场份额的扩大，小米公司在与物流公司议价时也有了更大的空间，进一步降低了公司在物流方面的成本。

（5）售后服务阶段

售后服务决定了品牌的负责任程度，售后服务也是消费者决定是否购买产品的重要因素之一。小米公司将售后服务作为价值链的一部分进行成本分析与控制，把售后服务成本分为正常售后服务成本和非正常售后服务成本。正常售后服务成本一般指产品在保修期内的正常损耗，而非正常售后服务成本包括残次品的质量问题维修、产品设计的缺陷维修等成本。小米公司的售后服务成本分析与控制主要体现在四个方面。

第一，前期运用客户关系管理系统收集消费者反馈的问题。

第二，制定售后服务质量标准。对于售后服务，小米公司运用国际上推行的质量体系的规定，严格要求自己；同时建立了标准的售后服务制度，使售后服务更加有效地运行，保证了售后服务质量，也降低了服务成本。

第三，运行售后服务成本控制流程。售后服务是企业价值链的综合体现，如果在采购环节产品质量有保证，然后严格把控生产环节，那么售后服务的成本也会得到有效控制。小米公司通过对在售后服务过程中所发生的问题进行反馈和整理，把产品出现的问题告知各个部门，以此降低价值链各个环节的成本，进而降低售后服务成本。

第四，与维修服务公司合作。为了保障售后服务的质量和降低售后服务的成本，小米公司与维修公司签订合同，成为战略合作伙伴，为其提供一体化的售后服务。小米公司严格控制维修环节的成本，因而不需要在各地增设维修点，大大节约了售后服务环节的成本。

随着我国高新技术企业的迅速发展，行业中的竞争愈发激烈，与此同时，企业还要面临多种成本不断增加的问题，因此成本管理与控制显得尤为重要。而企业如何在进行成本管理与控制的同时提高运营效率，是需要考虑的一大问题。

借助管理会计，管理者可以对企业在经营管理过程中所遇到的特定问题进行分析与研究，更好地了解企业的状况，为其决策提供科学合理的依据，更好地实现企业经营管理的目标。因此，管理会计得到了企业的高度重视。企业应该在原有的基础上不断构建并完善科学系统的管理会计模式，以提高企业的竞争力，进一步提升管理会计的价值。

● **知识拓展 8.6**

客户关系管理

客户关系管理（Customer Relationship Management, CRM）最早产生于美国，20 世纪 90 年代以后伴随着互联网和电子商务的大潮得到了迅速发展。不同的学者或商业机构对 CRM 的概念有不同的看法。

1. 关于 CRM 的定义

从销售理念、业务流程和技术支持三个层次，可将 CRM 定义为：CRM 是现代信息技术、经营思想的结合体，它以信息技术为手段，通过对"以客户为中心"的业务流程的重要组合和设计，形成一个自动化的解决方案，以提高客户的忠诚度，最终实现业务操作效益的提高和利润的增长。

"以客户为中心"是 CRM 的核心所在。CRM 通过满足客户个性化的需要、提高客户忠诚度，实现缩短销售周期、降低销售成本、增加收入、拓展市场、全面提升企业盈利能力和竞争能力的目的。任何企业实施 CRM 的初衷都是为顾客创造更多的价值，即实现顾客与企业的双赢。

2. CRM 系统介绍

CRM 系统由客户信息管理、销售能力自动化、营销自动化、客户服务与支持管理、客户分析系统五大主要功能模块组成。

实施步骤如下：

（1）研发公司要协助客户进行该管理系统的安装，及所需文件或数据的配置工作；

（2）如客户可提供客户和产品目录的 Excel 表格，可通过工具直接导入这些数据；

（3）按客户要求设计报价单、合同订单、出货单、对账单、采购订单等各种打印模板；

（4）系统使用培训和辅导。

第9章

>>

"互联网+"企业
成本分析与控制

扫码即可观看
本章微视频课程

企业为何选择"互联网＋"

互联网的形态受到科技和信息发展的影响，也在不断演变着。"互联网＋"从最初的交流平台，逐渐成为"大众创业、万众创新"的新工具，现下俨然已是我国经济提质增效升级的"新引擎"，这意味着"互联网＋"已上升为国家战略。互联网与实体经济的深度融合成为党和国家、社会各界近年来一直关注的热点问题。

热度不减，融合不止。传统行业①中的企业纷纷选择"互联网＋"，于是"互联网＋"企业如雨后春笋般出现，并呈现出以下竞争优势。

1. 具备较强的创新能力

依托不断更新迭代的互联网技术，大量的传统企业开始借助 App 等互联网平台，在实体经济领域中全面应用大数据、云计算等，串联起企业业务流程的每个环节，使得信息能够在企业和其各类利益相关者之间顺畅流通。所以，信息和知识能够通过互联网上的各种平台，实时、高效、低成本地产生、传播和交流，个体的想法可以互相碰撞出火花，形成创新的思路，产生创新的成果。尽管互联网技术研发需要投入的初始成本很高，但是当使用其研发成果的用户数量足够多时，分摊到每个用户的平均成本就可以降到非常低，从而使边际成本降低。只要完成创新的第一步，再加上网络外部性的刺激，收益可以像滚雪球一般迅速增加，这样可以进一步激励企业对创新进行更多的投入。

---

① 传统行业是指与互联网、互联网商业模式不存在天然关系的行业。

在这个几乎人手一部智能手机的时代，任何迎合市场、满足消费者需求的创新都会被互联网快速传播。这些创新会为参与其中的成员带来价值，吸引更多的个体进入互联网，进一步放大了企业通过创新能够获得收益的大小与边界。这就是"互联网+"的正反馈机制，企业因此会得到超额回报，加大研发投入，以获得更大的收益。

2. 拥有更多有价值的信息，企业运营效率较高

"互联网+"可以帮助企业增加信息的透明度，企业可以便捷且低成本地获取上下游企业反馈的信息，更好地满足上下游企业与客户的需求[①]。举个例子，现在很多企业在微博设立了官博、在微信开通了公众号，客户可以在评论区或者后台留下自己对产品的意见或建议。企业通过这些平台可以实现与客户的实时沟通与互动，并将收集到的各种信息进行大数据加工处理，了解客户使用各类产品的感受、退换货的原因以及所需的售后服务等相关信息，分离出客户对各类产品的真实需求、满意度等重要信息。海量的客户数据能够帮助企业更好地服务客户，有针对性地对产品做出改进，提升产品的功能和效能，最终帮助企业提升业绩。

"互联网+"还可以帮助企业更迅速地调整经营方案。一些案例研究发现，借助"互联网+"的相关技术，企业可以实现个性化定制和大规模量产之间的无缝对接，从而既控制了成本，又实现了差异化[②]。这是因为在互联网环境当中，客户可以不受时间和空间限制地向生产者传递需求信息并达成交易，并且客户的个性化要求会倒逼生产企业重新整合、改进自身的生产与经营活动，使得企业的大规模生产可以适应每个客户个体不同的个性化需求。有些企业借助"互联网+"实现的不只是与客户的简单互动，而是让客户参与相关产品设计，这种行为在增加老客户黏性的同时，还会

---

① 谭松涛，阚铄，崔小勇.互联网沟通能够改善市场信息效率吗？——基于深交所"互动易"网络平台的研究 [J].金融研究，2016（3）：174-188.
② 吴义爽，盛亚，蔡宁.基于互联网+的大规模智能定制研究——青岛红领服饰与佛山维尚家具案例 [J].中国工业经济，2016（4）：127-143.

吸引大批潜在客户。例如，耐克（Nike）曾经举办过一个球鞋图案设计活动，即 Nike Sportswear "90/10"系列，这些产品并非全部设计完成，其中 10% 可以由消费者自行创作。消费者可在挑选完球鞋款式后，根据自己的喜好对剩余部分进行设计。消费者登录耐克官网后，能参与定制几乎所有非限量款鞋子。例如，消费者先看到一双纯白的运动鞋，然后自行更改鞋子的颜色；消费者完成设计后，耐克会在生产完成后及时交付，这一流程大约只需要一周。这一个性化服务受到喜爱个性化定制的年轻人的热捧。

3. 企业成本较低

在传统商业模式中，一件商品通常需要经过很多环节才能从出厂到卖给消费者。商品每经历一个环节，处在这个环节的经销商都需要支付给上一环节一定的人工费、物流费等，并在此基础上加上自己的利润，再出手给下一环节。这就是最终商品的零售价总是比出厂价高很多的原因，商品经历的中间环节越多，消费者为其支付的价格也就越高。

互联网经济本质上是一种连接经济，互联网商业模式"砍掉"了传统商业模式中很多不必要的中间环节，实现了有效的成本控制。从另一个角度来看，企业借助"互联网 +"的大数据分析手段，可以很容易并且迅速地发现自身经营中存在成本超支的"病变"环节，通过"手术"降低经营成本。

"互联网 +"虽然会给企业带来以上的竞争优势，但是在互联网中存在着"强者通吃"的现象，或者换成一种更为残酷的说法："第一名通吃"。 原谷歌总工程师吴军曾经说，无论是电商、移动支付还是 O2O 的服务，第二名永远也无法拿到第一名的估值，第三名之后的价值几乎等于零。只有当企业拥有足够大的规模时，"互联网 +"才会带来巨大的利益与回报，所以实施"互联网 +"也许会给企业带来一系列不确定性与风险[①]。

---

① 曾建光. 网络安全风险感知与互联网金融的资产定价 [J]. 经济研究，2015（7）：131-145.

● 知识拓展 9.1

什么是"互联网 +"

　　阿里研究院 2015 年的《"互联网 +"研究报告》将"互联网 +"界定为：以互联网为主的一整套信息技术在经济、社会生活各部门的扩散、应用过程。腾讯研究院 2015 年的《"互联网 +"系列报告之一：愿景篇》将"互联网 +"理解为：利用互联网的平台，利用信息通信技术，把互联网和包括传统行业在内的各行各业结合起来，在新的领域创造一种新的生态。通过这两份报告中的定义，我们可以认为，"互联网 +"代表的是一种利用外在资源和环境提升一个行业的能力。

　　"互联网 +"代表着一种新的经济形态，它指的是依托互联网信息技术实现互联网与传统产业的联合，以优化生产要素、更新业务体系、重构商业模式等途径来完成经济转型和升级。"互联网 +"计划的目的在于充分发挥互联网的优势，将互联网与传统产业深入融合，以产业升级提升经济生产力，最后实现社会财富的增加。"互联网 +"概念的中心词是互联网，它是"互联网 +"计划的出发点。

　　"互联网 +"计划具体可分为两个层次来表述。一方面，可以将"互联网 +"概念中的文字"互联网"与符号"+"分开理解。符号"+"意为加号，代表着添加与联合。这表明了"互联网 +"计划的应用范围为互联网与其他传统产业，它是针对不同产业间发展的一项新计划，应用手段则是互联网与传统产业进行联合和深入融合。另一方面，"互联网 +"作为一个整体概念，其深层意义是通过传统产业的互联网化完成产业升级。"互联网 +"也可理解为：通过将互联网开放、平等、互动等网络特性在传统产业的运用，利用大数据的分析与整合，理清供求关系，改造传统产业的生产方式、产业结构等，来增强经济发展动力，提升效益，从而促进国民经济健康有序发展。

1. 外在表征：互联网 + 传统产业

"互联网 +"是互联网与传统产业的结合，其最大的特征是依托互联网把原本孤立的各传统产业相连，通过大数据完成行业间的信息交换。信息的不对称是普遍存在于各行业中的一项顽疾，会导致供需关系不清，从而影响行业的生产结构、生产模式与生产效率。以云计算、物联网、移动通信网络为代表的新信息技术为改变信息的闭塞与孤立提供了可能。事实上，目前在交通、金融、物流、零售、医疗等行业，已经展开了互联网与传统产业的联合，并取得了一些成果。"互联网 +"作为外推力，有利于互联网与传统产业的深度结合。电子商务的高速发展得益于互联网与零售业的深度融合。互联网提供的在线销售模式为消费者提供了新的购物方式。利用互联网，一方面，企业完成了产品全方位的展示，使产品的供应信息得以透明化、公开化；另一方面，消费者根据相对完整的产品展示信息购物，自身需求得到满足。互联网与零售业的融合使原有产业链渠道改变，产品成本减少，消费者能够得到更优质的服务。例如，苏宁、国美等传统电器卖场通过开设网上商城的形式，全方位展示商品参数信息，通过送货上门服务使消费者足不出户便可以购买大宗家电。而 2014 年 9 月阿里巴巴在美国的成功上市，也昭示着电子商务巨大的发展潜力和活力。互联网与交通业融合为用户的出行生活提供了便利。基于互联网特别是移动互联网的地理位置更新，互联网与交通业的结合使用户出行更便利。在公共交通工具方面，例如"车来了"等移动应用可以基于公交车的位置为用户提供公交车实时位置更新。基于实时网络数据传送，用户出门延误和等待时间减少。在出租车方面，"滴滴打车""快的打车"等应用的出现解决了出租车行业供需不平衡的问题。基于移动互联网的手机应用解决了用户打不到车与出租车空车行驶之间的矛盾。互联网与旅游业的结合，使旅游业的去中介化越加明显。基于途牛网、马蜂窝网等旅游经验分享型网站的兴起与发展，旅游业的产业发展模式得到改变。互联网与医疗业的结合使医疗资源的分配得到有效改善。医院通过开通网络挂号、专家预约、网上问诊的方式，节省了患者排队就医的时间成本。同时，基于互联网建立患者的电子病历、患者数据库或者健康数据库进行数据留存，是有效为患者服务、推动医疗业发展的有效途径。余额宝、网络银行等互联网金融的发展掀起全民理财的热潮，金融业更加"接地气"。"互联网+"意味着互联网向其他传统产业输出优势功能，使得互联网的优势得以运用到传统产业生产、营销、经营活动的每一个方面。传统产业不能单纯将互联网作为工具运用，要实现线上和线下的融合与协同，利用明确的产业供需关系，为用户提供精准、个性化服务。当然，在不同的行业，"互联网+"的具体表现不尽相同，不同行业与互联网的融合程度和方式也需具体分析。

2. 深层目的：产业升级 + 经济转型

"互联网+"带动传统产业互联网化。所谓互联网化，指的是传统产业依托互联网数据实现用户需求的深度分析。通过互联网化，传统产业调整产业模式，形成以产品为基础，以市场为导向，为用户提供精准服务的商业模式。互联网的商业模式是基于流量展开的，互联网带来的是眼球经济，注意力转变为流量，流量再变现。因此，如何吸引用户关注、了解用户需求便是互联网商业模式改革的关键点。基于新的商业模式，传统产业通过调整资本运作和生产方式，从单纯注重产品生产的固有思维中解放，在关注产品的基础上加入用户需求元素，形成具有互联网思维的新型企业模式。技术应用也是"互联网+"计划中的重要内涵之一。核心技术为传统产业互联网化提供了技术支持手段。互联网本身就是新技术，对新技术的应用有利于传统产业进行技术创新。传统产业利用新技术创新，可以扩展产品市场。市场创新，即利用互联网技术开辟和占领新的市场。互联网的开放、分享特性使产业市场实现跨地域扩展。技术应用同样可以带来新的资源，产业的供应源得以多元，新资源得以开发和利用。互联网与传统产业的"联姻"将促进创新成为产业升级的重要引擎。在管理体系上，互联网同样为新的组织和管理方式的形成提供了可能。在传统产业的组织和管理上，同样存在着信息的不自由流通、信息的不对称导致的低效。在企业内部管理体系方面，通过互联网管理系统完成任务分配，可以提高员工的交流效率，减少不必要的人力、时间成本。而利用互联网进行员工信息管理，以透明和公开的方式进行信息共享，有利于信息的快速传达，使成员第一时间进行工作内容调整与跟进，提高工作效率。同时，互联网带来的信息快速更新，也迫使企业根据市场变化及时调整战略目标，做出正确的决策判断。互联网使新的管理关系体系得以建立与运行，企业员工工作方式得到变革，新的管理态势得以形成。"互联网＋"力求的产业升级是通过管理体系、技术应用、商业模式等综合创新实现的。传统产业的互联网化使传统产业效率、运营、管理等方面均得到提升。

"互联网 +" 企业的竞争战略选择

　　尽管一些企业可以成功运用多种竞争战略，但绝大部分企业应当集中精力实施其中一项竞争战略，企业只要深耕于某一项竞争战略，就可以获得竞争优势。实际上，波特强调的成本领先和差异化是企业获得竞争优势的充分条件。然而研究发现，在互联网环境下，差异化依然有助于企业获得竞争优势从而提升企业业绩，成本领先却难以帮助企业获得竞争优势[①]。

　　这是因为在现今的互联网环境下，企业只有先做好成本领先，降低并控制好成本，才能有利用差异化战略进行竞争的资格，成本领先仅仅是企业获得竞争优势的必要条件。当传统企业通过"互联网 +"进入本质是连接经济的互联网经济中时，在大数据等技术手段的支持下，企业的各种信息将被互联网连接起来并实现共享。互联网如同一张"蛛网"，每个企业居于其中的一个"节点"，当某个"节点"上的企业进行成本控制时，很容易被其他"节点"上的竞争对手察觉。无论是压缩中间渠道、删减中间环节，还是采用控制某个环节的业务成本等成本领先战略，都十分容易被竞争对手模仿。如果有一家企业企图通过降价来吸引客户，这个时候它的竞争对手可能会报出一个更低的价格，由此会引发竞相降价。互联网环境下，成本领先战略无法帮助企业提升业绩，反而使得收入下降。

　　所以传统企业实施"互联网 +"提升业绩的重要路径便是采用差异化战略。本章讨论的差异化包含两类：第一，生产与其他企业不同的产品，或者提供与其他企业不同的服务；第二，针对客户个性化的需求提供差异

---

① 杨德明, 刘泳文. "互联网 +"为什么加出了业绩 [J]. 中国工业经济, 2018(05):80-98.

化的产品或服务。第一类差异化源自企业的自身特征，企业通过创新和其自身特殊的条件便可实现第一类差异化。"互联网 +"虽然很难改变企业禀赋（即企业自身条件），但是可以推动企业创新能力提升[①]。借助"互联网 +"的"连接一切"，企业可以通过各种平台与最终的消费者取得联系，收集消费者对于产品的各种反馈信息，结合产品自身参数，将海量数据储存起来并进行大数据分析，这些分析结果有助于企业更有针对性、更高效地改进产品。第二类差异化源自客户需求，然而为了提供差异化、个性化的产品，企业必须投入更多的人力、物力以获取更多的信息，并且由于需求的差异，很难实现大规模量产，这使得产品成本居高不下，成为差异化产品生产中最大的一只"拦路虎"。

近来有研究证明，利用互联网相关技术，我国的一些企业几乎可以在涵盖所有个性化需求的条件下实现大规模量产[②]，即利用好"互联网 +"和互联网的相关技术，企业能够更顺利地提供差异化产品和服务，从而形成更大的竞争优势。根据波特的结论，如果别具一格的差异化战略能够实现，那么该战略就会成为企业在行业中赢得超常收益的可行战略，因为它可以帮助企业建立对付五种竞争作用力的防御能力，利用客户对差异化的忠诚而获得竞争优势，进而提升企业业绩。快递行业未来的发展可以说是与互联网技术的支持密不可分的，比如顺丰——这家定位中高端的国内快递行业民营企业龙头——通过"互联网 + 快递"的模式，凭借这股技术东风，促进公司节约经营成本，实现了转型和升级。

从市场定位来看，顺丰一向以中高端形象示人，顺丰的快递费总比"四通一达"要贵一些。顺丰的经营管理模式选择了直营模式，而非"四通一达"的加盟模式，所以相对而言顺丰的人力成本更高。2022 年以前的几年，诸多快递企业竞相降价争夺市场份额，如今的市场大头已被瓜分、行

① 程立茹.互联网经济下企业价值网络创新研究 [J].中国工业经济，2013（9）：82–94.
② 吴义爽，盛亚，蔡宁.基于互联网 + 的大规模智能定制研究——青岛红领服饰与佛山维尚家具案例 [J].中国工业经济，2016（4）：127–143.

业面临转型，顺丰如果再奉行成本领先战略，实在不算明智之举。所以成本领先战略并不适合现在的顺丰。作为民营快递的领军企业，顺丰拥有较强的吸纳资本投资的能力。比如顺丰在 2020 年获得了北京信润恒、CCP、鼎晖新嘉、Genuine、Sonics Ⅱ、君联景铄共计 3 亿美元的可转债融资，因此顺丰可不局限于开拓特定的区域市场，也就是说，集中化战略也不适合顺丰。

基于不同行业、客群、场景的需求多样化，顺丰秉承"以用户为中心，以需求为导向，以体验为根本"的产品设计思维，聚焦行业特性，从客户应用场景出发，深挖不同场景下客户端到端全流程接触点需求及其他个性化需求，设计适合客户的产品服务及解决方案，构建差异化竞争优势，再由产品设计牵引内部资源配置，持续优化产品体系，沉淀解决方案能力。

当企业有足够的资本实行差异化战略时，会对该细分市场形成巨大的进入障碍，经营的独特性提高了顾客忠诚度，同时也降低了顾客对价格的敏感程度，形成抵抗竞争对手价格战的屏障①。差异化战略在一定时期内还是有不可代替性，可以帮助企业有效抵抗住替代品的威胁。顺丰选择差异化竞争战略，能够提高在快递行业中的竞争力，从而有效应对行业中其他竞争力量带来的冲击与挑战。所以，在互联网时代下，积极寻找差异化切入点，不仅是顺丰，更是所有想要在市场中站稳脚跟的企业永恒的工作重点。

---

① 吴小梅，庄晓月．顺丰速运差异化竞争战略的选择与规划 [J]．厦门理工学院学报，2015,23(02):39-44.

"互联网+"降低成本了吗

让我们回忆一下前文提到的内容。在传统商业模式中，一件商品从出厂到最终销售给消费者，必然会经历很多中间环节，每一环节的经销商在支付给上一环节一定的人工费、物流费后，在此基础上加上自己的利润，再出手给下一环节，所以当消费者买下这件商品时，付出的价格通常会比出厂价高出很多。这是因为商品经历的中间环节越多，消费者为其支付的价格也就越高。作为本质上是一种连接经济的互联网经济，互联网商业模式"砍掉"了传统商业模式中很多不必要的中间环节，做到了有效的成本控制。从另一个角度来看，企业借助"互联网+"的大数据分析手段，可以很容易并且迅速地发现自身经营中存在成本超支的"病变"环节，通过"手术"降低经营成本。

所以"互联网+"有助于企业降低成本，以下是成本得到降低的原因。第一，"互联网+"减少了商品从企业到消费者之间的中间环节，商品的流转成本得到降低；第二，企业的库存不再积压，比如C2B[①]模式下，消费者提出需求，企业了解消费者的需求之后再进行生产，这将大大降低库存成本；第三，利用大数据分析、商业智能等"互联网+"技术，企业可以发现并有针对性地改进自身经营过程中成本控制不利的步骤。从会计学的角度看，成本是企业利润的减项，当成本降低了，企业的利润自

---

① 消费者对企业（Customers to Business，C2B），先有消费者需求，后有企业生产，即先有消费者提出需求，后有生产企业按需求组织生产。

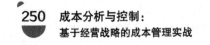

然就提高了[①]。

"互联网＋"虽然能够使企业的成本降下来，但是也给企业的成本管理带来了不小的挑战，主要表现如下。

1. 企业成本管理的范围被不断扩大

传统成本管理的对象，主要针对某个产品或者生产过程，即先将直接成本计入成本，再将间接成本按照一定的标准或者比例分摊到产品当中，最后计算出产品的准确成本。进入互联网时代，企业的业务流程和财务管理模式不管是主动还是被动，都在发生着变化，这些变化对企业的成本管理内容与范围提出了新的要求和挑战。有越来越多的难以估值甚至看不见的成本在悄悄蚕食企业的利润。在"互联网＋"之前，企业只需要紧盯着产品的生产过程，控制好整个过程的生产成本即可；然而通过互联网的各种平台连接消费者之后，企业需要考虑平台的开发、维护成本，以及面对消费者投诉以防发生"羊群效应"的沟通成本、发生负面事件时为防止其通过网络快速扩散管控舆论的公关成本等。

2. 产品成本划分具有一定的模糊性

成本管理不是一个个单独成本问题的简单拼凑，而是多个成本管理项目有机结合的管理过程[②]。企业的生产过程，没有我们想象的那么简单。面对复杂的生产过程，企业可选择的成本控制手段有很多种，但是在成本核算的过程中，选择不同的方法会形成不同的成本数据，这些成本数据之间的差异可能会很大。企业成本管理系统的损耗导致的隐形成本难以有效地在产品之间分配，这样成本管理的信息会越来越模糊，造成企业成本管理决策困难。

---

① 杨德明，刘泳文．"互联网＋"为什么加出了业绩 [J]．中国工业经济，2018(05):80-98.
② 刘佳．"互联网＋"时代背景下企业财务成本管理面临的挑战 [J]．现代经济信息，2018(22):239.

3. 财务成本核算的工作量增加

会计核算的重要任务就是对企业中一切经济活动以货币的形式加以计量。传统的财务成本管理办法，是企业的成本管理部门根据各生产车间、仓储部门提供的成本数据，通过"产品法""分步法""分批法"等方法将成本直接或间接分配到各个产品中，以此作为计算产品成本的基础，为企业产品定价和成本控制提供依据。通过"互联网 +"，企业成本管理的范围相应扩大，企业成本归集的对象由原来的产品变为某个项目乃至于企业本身，成本归集的期间也变得更为复杂，这使得企业成本管理部门的工作量相比以前大大增加，也使得成本管理部门的作用更加重要。

我们依旧以顺丰为例，具体分析"互联网 +"企业的成本特点。

大家现在都有这样一个潜意识：顺丰相比"四通一达"，总是更快一些。相比其他快递公司，为什么顺丰的快递时效性更强呢？我们先来看一下顺丰在运输工具方面的投入。截至 2020 年 12 月 31 日，顺丰拥有 75 架全货机、10 个枢纽级中转场，39 个航空、铁路站点，147 个片区中转场、335 个集散点①，全货机数量居于全国快递公司的首位，远远多于其他快递公司全货机数量的总和。在服务质量方面，顺丰也拥有良好的口碑。快递信息查询、人工客服和产品理赔等方面的服务质量员远高于其他快递公司，这意味着顺丰付出了比其他快递公司更多的资金和人力成本。光是在运输工具和服务质量这两方面的资金投入，顺丰的成本就大大超过了行业内的其他公司。

从 2007 年以来，不仅是顺丰，可以说整个物流行业的利润率都偏低。对于快递行业的所有企业来说，运输成本是无法避免的主要经营成本之一，企业每年需要花一大笔钱支付运输工具的燃料费和维修费等，以及支付为了扩张业务所采购的各种运输工具的费用。顺丰构建了其他快递公司无法比拟的"三网合一②"智慧物流网络，拥有数量众多的全货机和运输车，在掌控着运输优势的同时也需要承担巨额的运输成本。顺丰的运输费用主要形成于生产环节和分配环节，比如司机和快递员的基本工资、福利、奖金，

---

① 数据来源：顺丰控股 2020 年年度报告。

② 三网合一指与空运有关的天网、与陆运有关的地网和与大数据有关的信息网。

运输工具的燃料费用，车辆的维修费用等，其中燃料费用和维修费用是运输费用的大头。

以顺丰 2017 年快递成本为例，其主要由八个项目构成：派送服务支出、运输费用、网点中转费、中心操作成本、仓储业务成本、面单成本、增值服务成本和其他成本。就各项目占总成本比重而言，派送服务支出占比最高，达到约 41.30%；其次是运输费用，占比达 28.26%；另外，网点中转费和中心操作成本占比分别为 15.36% 和 14.12%，剩下的成本之和占比不足 1%[①]。各成本项目占总成本的比重如图 9.1 所示。

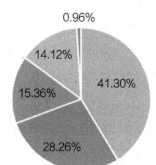

图 9.1　各成本项目占总成本的比重

顺丰的快递货物可以大致划分为信件、包裹和重货这三类。从快递货物的业务量占比来看，包裹在三类快递货物中占比几乎高达一半。以顺丰将一件 5kg 的包裹从天津快递到上海的总运费 32 元为例，其中人工费用为14.4 元、运输费为 8 元、仓库和设备折旧等管理费为 3.84 元、材料费为0.96 元，还需缴纳税费及其他费用 1.6 元，余下为设定的 10% 的利润 3.2元[②]。天津寄往上海的 5kg 包裹中各项费用占总运费的比重如图 9.2 所示。

---

① 唐金强，吴骑宇，黄晓佼．大智移云下成本管理路径、效果与改进——以顺丰控股为例 [J]．财政监督，2019，443(05):112.

② 唐金强，吴骑宇，黄晓佼．大智移云下成本管理路径、效果与改进——以顺丰控股为例 [J]．财政监督，2019，443(05):113.

由图 9.2 可知，一件快递的总运费中消耗占比最大的就是人工费用、运输费这两个项目。因此，控制好每单快递的人工费用和运输费成为企业提高利润率和竞争力的关键。

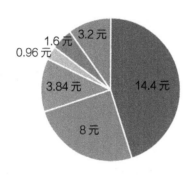

图 9.2　天津寄往上海的 5kg 包裹中各项费用占总运费的比重

通过以上对顺丰快递业务构成环节的梳理，我们可以得出顺丰这家快递公司的成本具有运输和配送成本占比大、信息处理成本较高、仓储和库存成本较小的特点。

1. 运输和配送成本占比大

运输和配送是对快递成本影响最大的核心环节。顺丰的运输和配送成本在业务流程总成本中占比居高不下，是多种因素叠加的结果。

首先，为了扩大市场竞争优势，顺丰同时购进并租赁全货机，布局建设以湖北国际物流核心枢纽项目为核心的顺丰航空运输体系。尽管航空运输速度快、运量大、货物受损率低，能够极大地提升用户体验，但相较于传统陆路运输，要付出更高的成本。其次，运输过程中难免会发生快递物品不慎损坏的情况。一旦出现这种情况，企业不仅要承担赔偿快递物品价值的直接成本，更要承担难以估计的隐性成本，比如丧失潜在客户、口碑受损等，进而影响企业业务长远发展。此外，顺丰的配送流程是先将货物集中在各配送中心，然后制定最优的运输路线将货物及时送达客户。在这

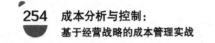

期间，如果出现货物资源调配不及时、库存决策失误、配送线路规划不合理等情况，都会导致运输和配送成本增加。

2. 信息处理成本较高

当快递公司接收来自客户的信息资源时，也就是当客户为自己将要快递的货物下了单时，快递公司就会开始对业务的信息进行处理。信息处理是整个快递业务流程中的基础环节，信息处理成本包括信息系统运行和维护、市场开发及快递员手持终端设备等费用，只有先通过末端渠道收集、汇总、处理客户的有效信息，才能方便下一个环节顺利开展。

伴随着"互联网+"与企业的深入融合，各类业务活动信息表现出更新速度非常快、动态性很强、时效性也很强的特点，顺丰为此投入大量资金打造数据灯塔、快递探照灯和仓储仪表盘等智能化信息处理平台。能够处理海量复杂信息的信息系统通常具有工作量大、耗时耗力的特点，因此顺丰也承担着较高的成本。

3. 仓储和库存成本较小

顺丰所拥有的自动化分拣技术，提高了货物分拣效率，缩短了单件货物的仓储时间，降低这一期间所产生的库存物品保管费和仓库管理费。与行业平均水平相比，顺丰的仓储和库存成本占物流总成本的比重相对较小。

● 知识拓展 9.2

羊群效应

"羊群效应"是指管理学上一些企业的市场行为的一种常见现象。经济学里经常用"羊群效应"来描述经济个体的从众、跟风心理。羊群是一种很散乱的组织，平时在一起也是盲目地左冲右撞，一旦有一只领头羊动起来,其他的羊也会不假思索地一哄而上,全然不顾前面可能有狼或者不远处有更好的草。因此,羊群效应用于比喻人都有一种从众心理,从众心理很容易导致盲从,而盲从往往会使人陷入骗局或遭到失败。"羊群效应"一般出现在一个竞争非常激烈的行业中,而且这个行业中有一个领先者(领头羊)吸引了主要的注意力,整个羊群会不断模仿领头羊的一举一动,领头羊到哪里,其他的羊也跟着去那里。

● 知识拓展 9.3

传统成本费用分配的三种方法

成本费用泛指企业在生产经营中所发生的各种资金耗费。传统成本费用分配的三种方法分别是:产品法、分步法、分批法。

产品法是以产品品种为成本计算对象,归集生产费用,计算产品成本的一种方法。作为一种计算工作比较简单的方法,产品法一般应用于大批量的简单生产(单步骤生产)。例如自来水生产、原煤原油的开采等。这类生产往往品种单一,进行封闭式生产,月末一般没有在产品。即使有在产品,数量也很少,所以一般不需要将生产费用在完工产品与在产品之间进行划分。当期发生的生产费用总和就是该种完工产品的总成本,再除以产量,就可以计算出产品的单位成本。

分步法是"产品成本计算分步法"的简称,是以产品生产步骤和产品品种为成本计算对象,归集和分配生产费用、计算产品成本的一种方法。分步法是指以生产过程中各个加工步骤为成本计算对象,归集生产费用,计算各步骤半成品和最后产成品成本的一种方法。分步法适用于连续加工式生产的企业和车间,如冶金、纺织等。在这类企业中,生产的工艺过程由一系列连续加工步骤所构成,原材料投入生产后,每经过一个加工步骤都要形成一种半成品,这些半成品是下一步骤的加工对象，直至最后一步才生产出完工产成品。在分步法下，采用连续加工式的生产，生产过程较长，过程中的各个步骤可以间断，月终计算成本时，各步骤均有在产品，因此要将费用在半成品（最终步骤为产成品）和在产品之间进行分配，各步骤的半成品及其成本是连续不断地向下一步骤移动的。

分批法是按照产品批别归集生产费用、计算产品成本的一种方法。在小批、单件生产的企业中，企业的生产活动基本上是根据订货单位的订单签发工作号来组织生产的，按产品批别计算产品成本，往往与按订单计算产品成本相一致，因而分批法也叫订单法。它适用于单件、小批生产类型的企业，主要包括：①单件、小批生产的重型机械、船舶、精密工具、仪器等制造企业；②不断更新产品种类的时装等制造企业；③新产品的试制、机器设备的修理作业以及辅助生产的工具、器具、模具的制造等企业。

如何利用"互联网 +"控制企业成本

随着互联网和大数据技术的迅猛发展，信息化技术已经全面渗入企业生产经营活动中，尤其是企业财务成本管理工作，通过互联网和各种数据系统为企业管理层收集并整理管理数据。对症下药的成本控制措施能够有效带动企业整体发展，提升企业综合实力。

通过对顺丰成本的分析，可以看出顺丰单件产品的成本集中在人工费用与运输费用，这也是传统快递行业成本最高的两个方面。随着人工费用的逐步上升，顺丰迫切需要技术革新和成本管理革新来保证净利润的稳步增长。"互联网 +"背景下，顺丰运用大智移云的技术手段，可以在差异化战略下达到降低成本、保证利润的目的。

大数据与成本管理共融

1. 构建数据灯塔，打造统一融合的大数据平台

顺丰通过构建数据灯塔的快递探照灯、全物流分析、仓储仪表盘三个模块，打造统一融合的大数据平台，实现跨机房、跨集群、跨租户的数据融合计算，突破数据处理规模瓶颈，全面提高物流流程运作效率。

快递探照灯：顺丰通过快递探照灯实现快递数据秒更新，实时直播快递在途件数、派送件数、转寄退回件数、转寄第三方件数、已到货件数及其比重，便于进行物流监控。全物流分析：顺丰围绕多种运输方式，创新研发运价实时预警、订舱线路最优等功能，实现信息互联互通；通过

RPA[①]技术赋能运输协同作业，率先建立多式联运平台，推动多联行业的信息化水平提升。仓储仪表盘：顺丰通过仓储仪表盘实现云仓即日、云仓次日，即通过实时监控订单、库龄分析、库存预警分析，进行分仓模拟，提前备货到与客户较近的顺丰仓库，缩短运送周期，降低运输费用。

2. 助力网点选址，提升送货速度

顺丰运用大数据技术进行全面分析，根据不同地区的快递日接单量和配送量的数量分析，确定不同地区设置的网点个数。顺丰根据后台客户订单分析主要客户分布情况，从而确定顺丰派送点的位置，方便客户领取快递，为客户节约时间。

智能化与成本管理共融

1. 智能化融入物流设备——优化前端业务

顺丰运用手持终端、便携式打印机、无人机等技术，节约人力成本并挖掘前端收件派件业务数据，打造全数据实时交互平台，提升工作效率。另外，通过视觉 AI 检测快件流经环节异常场景，基于大数据挖掘技术打通全环节证据链信息，提升快件安全质量。系统管控车辆驾驶安全，智能分析全流程快件损坏的暗点环节，提供全链路智能定责与追溯凭证，降低快件破损率。

手持终端：顺丰通过特别制定的第六代手持终端能够完成前端海量数据的采集工作，实现与终端系统的实时互联。便携式打印机：以往客户寄件，多采用手写填单的方式，存在字迹不清、填写错误涂改、难以辨认、费时费力等诸多弊端；而如今各个快递网点都配备便携式打印机，客户通

---

① 机器人流程自动化（Robotic Process Automation，RPA），是一种新型的人工智能虚拟流程自动化机器人。RPA 的核心是通过自动化、智能化技术来"替代人"进行重复性、低价值、无须人工决策等固定性流程化操作，从而有效提升工作效率、减少错误。

过扫描二维码寄件，线上填写快递单信息，确认无误后，工作人员可以直接完成运单打印，整个寄件流程更便捷高效。无人机：顺丰推行的无人机项目具有智能化、低成本、高效灵活的特点，用于进行不同网点之间的配送，主要是将货物运送到人力配送较难、较慢的偏远地带。无人机技术有助于解决快递行业"最后一公里"难题，以及为中西部偏远地区客户提供高品质的无差别服务。

2. 智能化融入物流服务——优化后端体验

顺丰开通了扫码寄件、微信客户端、客服机器人等新型服务，为客户提供更具人性化的服务体验，提升服务效能，降低服务成本。

扫码寄件：客户扫码后形成二维码电子运单，比手写运单更快实现信息前置，提升寄件流程透明度和客户服务满意度。微信客户端：客户可以通过微信随时寄件、查件。客服机器人：智能客服"丰小满"采用 NLP 技术[1]分析客户对话中的意图并自动做出回复，高效解决客户需求，将人工客服资源从重复单调的工作中转移到更具定制化的场景中，提升服务效能。

3. 智能化融入企业管理——优化整体管理

想要在宏观上统筹各项工作，并形成对全网络强有力管控的经营模式，顺丰必须基于商业智能（Business Intelligence，BI）建立起属于自己的管理会计智能化系统。首先需要组建一个全面的企业级数据仓库，得到企业数据的"全局视图"；在此基础上，再利用数据挖掘、联机分析处理等工具对数据进行分析处理，形成有用信息；最后，通过数据可视化工具为管理者展现数字化仪表盘，为决策提供智能化支撑。

以成本管理为例，基于互联网和商业智能等技术，企业可以聚集内部财务小数据、业务中数据和社会大数据，建立多维成本数据库，实现对结

---

[1] 自然语言处理（Natural Language Processing，NLP）是研究人与计算机交互的语言问题的技术。

构复杂、数量巨大的成本数据的分析处理。这不但有利于推动成本管理方法在更多企业落地和应用，还有利于提升成本管理方法应用的价值。

移动互联网与成本管理共融

"互联网＋"技术结合物流，可以驱动快递业务实现智慧化增长，使企业实现可持续发展。

1. 构建智慧物流

顺丰快递主要涉及四个业务环节：收件环节、运输环节、仓储环节和配送环节。顺丰通过智慧物流，把物联网技术运用于四个环节中，将大大提高流转效率，节约物流成本。

在收件环节，顺丰主要采用光电扫描设备和手持终端，扫描快递单上的条形码，快速准确地将快递单上的物流信息导入互联网，降低出错率，提高收件效率。在运输环节，顺丰把每一辆运输车辆的信息都录入网络云端，并将货物与车辆的信息一一匹配，实现实时追踪管理。在配送环节，顺丰推行的无人机项目用于不同网点之间的配送，主要是将货物运送到人力配送较难、较慢的偏远地带，为中西部偏远地区客户提供高品质的无差别服务。在仓储环节，顺丰提供专业单仓、全国分仓、数字化云仓等专业仓储服务，保障了物流时效的稳定性。

2. 组合智慧地图

顺丰在每辆运输车上都安装了智能车载设备，配备的实时警告系统能够对车辆行驶状况数据进行监测，一旦发现异常状况，可以迅速发出警报或采取紧急安全机制。此外，顺丰还深入从客户下单到末端配送的多个物流与经营管理环节，提供更贴合物流场景的智能位置决策服务，运营迭代出国内首个工业级物流地图服务产品。

3. 建立智慧城市

顺丰通过人联网技术对客户群体进行画像分析，将客户按不同的行为特点进行分类，对不同的客户群体提供定制化服务，同时识别潜在客户，扩大目标客户群，增加市场份额。同时顺丰通过工业级地图能力，结合线下分布式数据采集资源，构建智慧城市时空数字底板，关联承载政务数据，解决政务应用中的数据决策难题。

云计算与成本管理共融

顺丰于 2015 年开始着手建立财务共享中心，2016 年开启智能财务转型，2017 年研发财务机器人推广应用。目前财务共享中心在为国内各地提供服务的同时，也将服务范围辐射到海外，并提供无人机、同城速运等新服务。

顺丰财务共享中心利用 OCR[①]、影像识别、机器人、智能客服等逐渐成熟的技术搭建了共享中心的底盘，通过对科技和共享中心的投入，完成了共享中心的建设和市场化运营，提升了财务部门的运转效率。财务共享中心由智能分单系统、表单集成系统、内部工单系统、客服管理系统、知识管理系统、管理者驾驶舱六个板块构成，外部搭载智慧合同管理、移动报销 App、员工往来平台、核算标准化等体系，共同提升运营效率，降低人工成本。

智能分单系统主要应用于审批环节和结算各系统，统一管理所有需审核单据，按照业务紧急程度排定派单顺序。员工在智能分单系统中可以自行决定接单量，并随时上传已审批的单据，需要转办的单据会由共享中心单据池进行再次派单。管理者可以通过能力矩阵配置、调整员工权限范围，并通过电子监控实时获取单据处理情况，对超时单据做出及时反应，合理调配资源并防范风险。

内部工单系统主要针对各项信息的反馈，包括增值税差异原因反馈和

---

① 光学字符识别（Optical Character Recognition，OCR）是指电子设备（例如扫描仪或数码相机）检查纸上打印的字符，通过检测暗、亮的模式确定其形状，然后用字符识别方法将形状翻译成计算机文字的过程。

线下支付跟进及反馈等项目。管理者在该系统中可对整个任务过程进行随时管控，对超时的任务做出提醒或警示，极大地提高了反馈的时效性。该系统不仅实现共享中心组织内交互，还可以在组织间实现交互，如地区与共享中心之间，有利于组织间融合。

管理者驾驶舱专注于提升管理效率。通过共享实时看板可以实现实时监控、实时预警。业务数据观察模块可以实现事前预测、事中监控、多维分析、保障资源。共享审核数据处理环节可以预测订单、预判风险，进行可视化操作和多维分析，实现多维预警、合理调配。共享作业分析保证了全流程监控，多环节展示。

移动报销 App 可以实现线上填单报销、报销进度查询、开票资料查询、VIP 优先支付等，方便员工在手机端进行借款、还款、报销等业务操作，提升员工满意度。员工往来管理平台目前包括数据传递、账务处理、往来清理等功能，预期将会开发员工确认、员工查询、员工还款等功能，提升员工工作效率和工作满意度。

核算标准化是共享中心目前处于建设进程中的项目，着眼于文本规范化、监控智能化、业财一体化建设，提升月结效率。在现行业务状态下，可通过规范、统一的文本摘要，进一步提升线上集成比率并使线上操作更简洁，实现预实差异报表的自动编制和数据、业务的自动整理及推送，对接业务系统并自动校检，提升线上数据准确性。2019 年该项目已梳理 20 余项业务痛点，并通过系统优化方案解决了 10 余项问题，项目收益达到每年 100 万元 [1]。

在"互联网 +"这个大时代背景下，想要自如地应对人工成本提高、行业竞争加剧的局面，顺丰必须全面拥抱新的技术。面对这种需求性创新，顺丰应当重视新技术的革新与运用，将大智移云技术运用在企业价值链的各个环节，并且达到降低成本、提升效率的效果，这一效果也将在未来持

---

[1] 王毕琰，黄宇轩，聂钰珊. 大智移云下独角兽成本管理创新：以顺丰为例 [J]. 财政监督，2019, 454(16):102-108.

续显现，帮助顺丰应对新时代的挑战。

在互联网高速发展的背景之下，企业要想提高自身的竞争力，就需要对互联网的作用和影响有着正确的认知，积极顺应时代的发展进行调整。对企业来说，其内部的成本控制模式对企业的日常经营和管理工作的进行有着巨大的影响，对其成本控制进行改进有着重要的意义。只有做好企业的成本控制工作，才能促进企业经营和管理总体水平的提高，促进企业的不断发展，也有利于国民经济的健康发展。

● 知识拓展 9.4

商业智能

商业智能本质是一套商业方面辅助决策的信息化解决方案，它利用人工智能、数据仓库、数据挖掘等技术，按企业既定的业务目标，对大量数据进行分析和挖掘，从而支持企业的智能管理与决策，提高企业核心竞争力。

管理会计需要从商业智能入手，管理会计信息系统的构建需要基于商业智能强大的建模能力。一方面，管理会计需要通过构建模型来模拟企业商业模式和运作流程，进一步体现各个量化管理因素之间的复杂关系和相互影响程度，使企业管理者能够透过模型看清商业模式和盈利模式，进而使企业的运营可预见、可计量、可控制。另一方面，管理会计需要模型也是由新经济时代商业模式的日益复杂化决定的。随着市场的成熟、竞争的加剧以及互联网经济的来临，企业商业模式进一步虚拟化和复杂化，企业主业务线和各条业务线间的联系更加松散，盈利模式更加隐蔽，管理者需要借助模型才能厘清各种复杂关系，才能分析、评价各业务板块的真实状况。